Verena Schmid-Eschmann

RICHTIG ATMEN – ABER WIE?

Praktische Atemübungen
Bewußtes Atmen als Schlüssel
zu neuen Lebensenergien

WILHELM HEYNE VERLAG
MÜNCHEN

HEYNE RATGEBER
08/5165

Umwelthinweis:
Dieses Buch wurde auf chlor- und säurefreiem Papier gedruckt.

Printed in Germany 1998
Umschlaggestaltung: Atelier Adolf Bachmann, Reischach
Umschlagillustration: Superbild, Bildarchiv Eric Bach, Grünwald
Satz: Schaber Datentechnik, Wels
Druck und Bindung: Ebner Ulm

ISBN 3-453-13258-0

Inhalt

Kursive Titel = Atempraxis (Übungen)

Vorwort

Die Atmung – ihre Kraft und Macht wird schon in alten Mythen gepriesen – ist unsere ständige, allgegenwärtige Begleiterin. Doch ist sie uns auch als solche vertraut? Was wissen wir über sie? Kennen wir ihr Wesen, ihre Sprache und ihre Sorgen?

Mit dem ersten Atemzug beginnt unser bewußtes Leben, mit dem letzten wird es ausgehaucht. Ohne Nahrung können wir einen Monat leben, ohne Flüssigkeit drei Tage, ohne Atmung jedoch nur drei Minuten. Beim Aussetzen der Atmung wird nicht nur unsere Bewegungsfähigkeit eingeschränkt, auch Besinnung und Bewußtsein schwinden – wir fallen in eine Ohnmacht. Kurzes, heftiges Atmen führt zu Zerfahrenheit, während tiefes, rhythmisches Atmen den ganzen Organismus zu harmonischen Funktionen anregt und uns in konzentriertem Denken und Handeln unterstützt.

Die Atmung, die so selbstverständliche und gleichzeitig anspruchsvolle körperliche Funktion, läßt das Blut in unseren Adern pulsieren; manchmal bedrängt sie uns aber auch, bringt uns in Not und wirft viele Fragen auf. Die Fragen bleiben unbeantwortet, solange wir die Sprache und Symptome der eigenen Atmung nicht wahrnehmen und verstehen lernen.

Dieser Ratgeber möchte mit ganz praktischen Beispielen zu richtigem Atmen anleiten und Wege aufzeichnen, wie jedermann seine Atmung bewußt entdecken und für die persönliche Lebensbewältigung nutzen kann.

Einleitung

Dieses Buch, in allgemeinverständlicher Sprache geschrieben und frei von Fachausdrücken, möchte den Leser zu praktischem Üben anleiten, damit er alle Möglichkeiten seiner Atmung am eigenen Körper wahrnimmt, kennenlernt und erlebt. Auf diesem Wege gelangt er zur Quelle neuer Lebensenergien. Er lernt auch, wie diese Gabe der Schöpfung durch eine der psychischen und physischen Natur angepaßte Pflege erhalten und gleichzeitig der gesamte Organismus in all seinen aufbau- und energiefördernden Prozessen unterstützt werden kann.

Mit dieser Voraussetzung steht uns der Körper als persönliches Werkzeug zur Meisterung der Alltagsprobleme zur Verfügung und befähigt uns, die Gesundheit und das Wohlbefinden selbst zu beeinflussen.

Die Gesundheit in die eigene Hand nehmen

Wenn wir auf die Sprache des Körpers hören und seine Symptome ernst nehmen, können wir unsere Gesundheit positiv beeinflussen. Erlebtes, psychische und physische Eindrücke und Regungen sind Spiegel unseres augenblicklichen Befindens. Freude beispielsweise befreit und lockert; sie läßt uns aufatmen, die Atemströme können frei und ungehemmt fließen. Anders die Angst, die uns einengt und verspannt und die Atmung ins Stocken bringt. Körper und Atmung sind Barometer unseres Wohlbefindens und erweisen sich als zuverlässige Diagnostiker.

Wir haben es in der Hand, mit positiven Impulsen auf Körper und Atmung einzuwirken und Fehlverhalten zu korrigieren. Damit nehmen wir direkten Einfluß auf alle Gesundungs- und Energieförderungsprozesse; wir können regenerieren und die Widerstandsfähigkeit und die Leistung in allen Bereichen steigern.

Vom ersten bis zum letzten Atemzug

Nur wenn wir uns bewußt sind, daß die Atmung uns von der ersten bis zur letzten Minute unseres Lebens begleitet, können wir erahnen, welch großen Einfluß sie ausübt, manchmal aufbauend, fördernd, manchmal auch bedrückend und hindernd. Ständige Begleiterin jedoch bleibt sie, ob wir wollen oder nicht.

Um so mehr lohnt es sich, ihr viel Zuwendung zu geben, sie zu pflegen und zu fördern, damit sie uns in unserem ganzen Tun wohlwollend unterstützt – damit jeder Atemzug zur freudigen Lebensbejahung wird!

Atmung ist Leben

Wenn wir uns mit der Atmung auseinandersetzen, müssen wir zuerst erfahren, welche tiefere Bedeutung sie hat und was sie bewirkt.

Die Atmung schwingt im Gesetz der Polarität und setzt sich aus den zwei Phasen Einatmen und Ausatmen zusammen. Die beiden Pole führen durch den ständigen Wechsel zu einem rhythmischen Austauschprozeß zwischen Aufnahme und Abgabe beziehungsweise Nehmen und Geben. Damit haben wir die wichtigste Funktion der Atmung bereits definiert. Goethe formulierte:

> »Im Atemholen sind zweierlei Gnaden,
> die Luft einziehen, sich ihrer entladen,
> jenes bedrängt, dieses erfrischt,
> so wunderbar ist das Leben gemischt.«

Beim Einatmen nehmen wir Sauerstoff über die Nase via Luftröhre in die Lunge auf, von wo er mit dem Blut in alle Körperzellen transportiert wird. In den Zellen werden die Nährstoffe, die wir mit der Nahrung aufnehmen, mit Hilfe des Sauerstoffs verbrannt und in Energie umgewandelt. Als Endprodukt fallen bei diesem oxydativen Verbrennungsprozeß gasförmige Schlakken an, die als Kohlendioxyd bei der Ausatmung ausgeschieden werden. Diesen Prozeß nennt man Stoffwechsel. Die erzeugte Energie ermöglicht erst unser eigentliches Leben: Wachstum, Leistung, Erneuerung, eine dem Klima und der Umgebung angepaßte Körpertemperatur und vieles mehr.

Damit Atmung und Blutkreislauf ihre Aufgaben erfüllen können, muß sich unser Körper in gelöstem, ausgeglichenem und durchgängigem Zustand befinden. Die dafür notwendigen Voraussetzungen werden im Kapitel »Die Grundlagen einer optimalen Atmung«, Seite 37, behandelt.

Zurück zum Abfallprodukt der Atmung, dem Kohlendioxyd. Dieses wird von Bäumen und Pflanzen aufgenommen und in Sauerstoff umgewandelt, der uns dann für die Einatmung wieder zur Verfügung steht. Diesen Prozeß nennt man Photosynthese. Ein Baum produziert pro Tag Sauerstoff für 15 Menschen. Der Umwandlungsprozeß von Kohlendioxyd in Sauerstoff zeigt eindrücklich, wie stark uns die Atmung mit der Natur verbindet und wie wir in dauernder Wechselbeziehung mit ihr stehen, ja ein Teil von ihr sind.

Atmung in Not, was nun?

Dauernd wird in dieser hektischen Zeit von uns verlangt, uns neuen Herausforderungen zu stellen, einen uns aufgezwungenen Rhythmus anzunehmen. Doch wie schaffen wir dies, ohne uns selbst aufzugeben und die Eigenständigkeit zu verlieren? Was tun wir, wenn der natürliche Fluß körperlicher, vegetativer, seelischer und intellektueller Funktionen gestört und beeinträchtigt ist, unsere Atmung die Eigenrhythmik verloren hat oder ins Stocken gerät?

Es wäre falsch, uns willkürlich zu einer rhythmischen Atembewegung zu zwingen. Auch ist es schwierig, Atemmuster einfach so zu ändern, vor allem, wenn diese aus emotionalen Gründen eingeschränkt sind.

Mit gezielter Körpergymnastik können Atem- und Bewegungsmuster erfaßt und intuitive Atemreaktionen herausgefordert werden. Dieser Weg führt uns zurück zum naturgegebenen, gesunden Atem- und Bewegungsleben. Wenn wir das Gleichgewicht wieder gefunden haben, wird die rhythmische Lenkung der Atembewegungen auch unser Alltagsleben positiv beeinflussen. Dieses Gleichgewicht wird uns helfen, auf den Fremdrhythmus einzugehen, ihn einzubeziehen und ihn zusammen mit der Eigenrhythmik neu zu gestalten. So verstärkt sich unser Eigenständiges in der Anpassung. Wir werden den gestellten Anforderungen gelöster begegnen können und werden befähigt sein, Fremdes, Neues gesund zu verarbeiten und trotzdem wir selbst zu bleiben.

Der erste Schritt

Für alles finden wir Zeit. Aber gibt es etwas Schwierigeres, als sich aufzuraffen und etwas für sich selbst zu tun? Oft scheitern gute Vorsätze an zu hoch gesteckten Zielen oder ganz einfach an Zeitmangel. Mein Rat: Lesen Sie dieses Buch nicht »trocken«, in der Absicht, in den Ferien die »Praxis« nachzuholen. Üben Sie das Gelesene gleich, und versuchen Sie, es in den Alltag zu integrieren.

Haben Sie sich heute schon einmal richtig gestreckt, gedehnt und genüßlich geräkelt? Wenn nicht, so holen Sie dies jetzt nach. Es ist der erste Schritt, um mit der eigenen Atmung vertraut zu werden! Meine Katze macht es mir täglich mehrmals vor, immer wenn sie sich aus der Ruhestellung erhebt. Sicherlich wollen Sie jetzt wissen, was Strecken und Dehnen mit der Atmung zu tun haben. Im Tun werden Sie die Antwort erfahren!

Übung 1 – Bild 1 (Katzenstreckübung)

- *Halten Sie beide Arme hoch.*
- *Strecken und dehnen Sie die Arme abwechslungsweise, und stützen Sie sich dabei immer gut auf einem Bein ab (linker Arm, rechtes Bein; rechter Arm, linkes Bein), damit der Körper nicht nur horizontal und vertikal, sondern auch diagonal gedehnt wird und so das Blut durch den ganzen Körper fließen kann, von den Zehen bis in die Fingerspitzen.*
- *Spüren Sie dabei bewußt die einzelnen Körperzonen: Füße ➛ Beine ➛ Hüfte ➛ Rumpf (speziell die Flanken) ➛ Nacken ➛ Schultern ➛ Arme ➛ Hände ➛ Kopf.*
- *Lassen Sie das Kinn beziehungsweise den Unterkiefer locker*

1

hängen. Sperren Sie Mund und Rachen weit auf, um eine Gähnreaktion auszulösen.

- *Seufzen und stöhnen Sie genüßlich. Lassen Sie der Streck- und Dehnübung immer wieder ein befreiendes Gähnen folgen.*

Übung 2 – Bild 2 und 3

- *Stehen Sie mit Ihren breitgestellten Beinen bewußt fest auf dem Boden.*
- *Geben Sie in den Knien sanft wippend nach.*
- *Neigen Sie Ihren Kopf nach vorn, beugen Sie sich nach vorn, und hängen Sie Ihren Rumpf langsam Wirbel um Wirbel nach unten, währenddem Sie ihn zusammen mit den Armen locker schütteln und dazu brummen. Unten angekommen, übergeben Sie den Kopf, die Arme und den ganzen Oberkörper der Schwerkraft, bis die Hände den Boden berühren. Dazu stöhnen Sie genüßlich und versuchen, auch innerlich zu entspannen.*

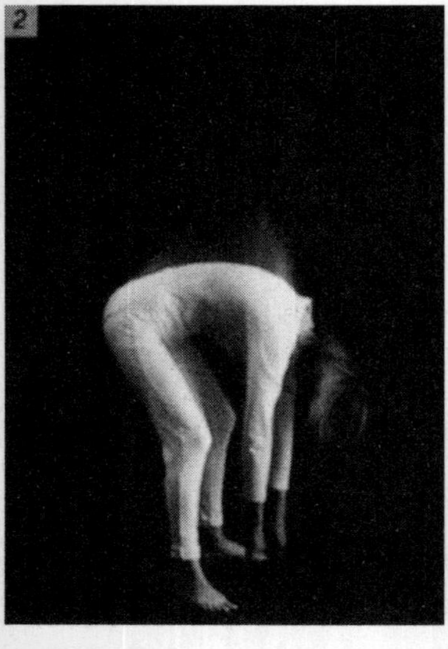

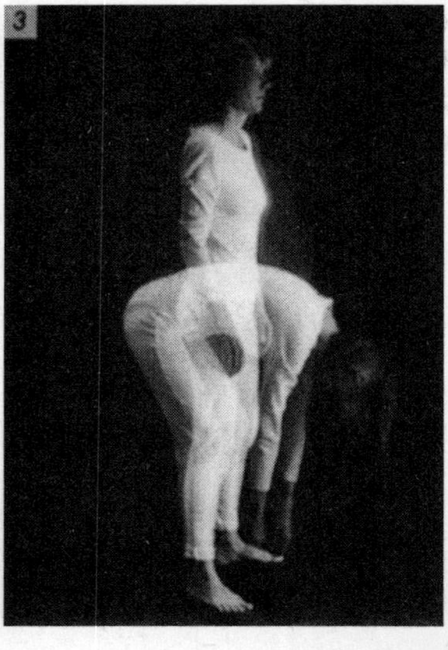

- *Stehen Sie noch einmal bewußt fest auf den Boden.*
- *Richten Sie den locker hängenden Oberkörper langsam auf. Der bewußt eingesetzte Fußdruck richtet Ihren Rücken Wirbel um Wirbel sanft massierend auf. Nehmen Sie dabei die einzelnen Rückenzonen wahr.*

Übung 3 – Bild 1 bis 3

- *Wiederholen Sie die beiden Übungen, bis Sie ausgegähnt und den ganzen Körper gelockert, gestreckt und geräkelt haben!*

Körpergefühl und Atmung profitieren

Indem Sie bewußt die einzelnen Körperzonen erspüren, verbessern sich Ihr Körpergefühl sowie die damit verbundene Kontrolle über alle motorischen Bewegungsabläufe und deren Rückmeldungen. Kurz: Sie bekommen Ihren Körper in den Griff! Auch die Atmung profitiert von der Katzenstreckübung. Die gelösten und gelockerten Körperzonen werden durch das herausgeforderte Gähnen optimal mit Sauerstoff versorgt. Energiefluß und Blutzirkulation werden im ganzen Körper angeregt, was sich allmählich durch ein angenehmes Wärmegefühl bemerkbar macht.

➲ Das Wichtigste in Kürze

Machen Sie die Katzenstreckübung mehrmals täglich. Sie ist besonders bei längerer, einseitiger Haltung (das Sitzen im Büro, das Stehen am Ladentisch usw.) ein absolutes Muß. 2 bis 3 Minuten pro Mal genügen. Machen Sie die Übungen an der frischen Luft oder zumindest bei geöffnetem Fenster. Dies verstärkt die Wirkung um ein Vielfaches! Lassen Sie sich dabei nach Möglichkeit von entspannender Musik zum Bewegen und Mitsummen motivieren.

Gähnen Sie sich fit und gesund

Viele Menschen setzen Gähnen mit Müdigkeit gleich. Diese Annahme stimmt aber nur bedingt, denn wir gähnen auch, wenn unser Organismus zu wenig Sauerstoff hat.

Das Verhältnis Sauerstoff/Kohlendioxyd im Blutkreislauf wird von unserem Organismus permanent überwacht. Wenn es durch Abflachung des Atems (infolge Übermüdung oder Verspannung) aus dem Gleichgewicht gerät, wird durch einen Atemreflex das Gähnen ausgelöst. Dabei wird das Gaumensegel aufgespannt, tonisiert und der Rachenraum verkleinert: Dieser Zustand ist optimal für die über den Nasen-/Rachenraum in die unteren Luftwege einströmende Luft.

Sicher haben Sie bei der Katzenstreckübung (Kapitel »Der erste Schritt«, Seite 16) erlebt, wie ein einfaches Strecken und Dehnen des Körpers befreiende Gähnreize auslösen kann und innerlich und äußerlich entspannt. Bei gelösten und gelockerten Köperzonen wird man so lange gähnen, bis das Sauerstoff-/Kohlendioxyd-Verhältnis im Blutkreislauf wieder stimmt.

Wenn Körper und Atmung verspannt sind und in Fesseln liegen und wir unter Bewegungs- und Sauerstoffmangel leiden, können wir auch nicht ergiebig gähnen, entspannen und loslassen. Deshalb sollte das Gähnen immer Hand in Hand mit der Atmung gehen. Nachfolgend einige Tips für Gähnmuffel.

Gähnübung

- *Öffnen Sie die Fenster und lassen Sie die frische Luft einströmen. Noch besser: Gehen Sie ins Freie.*
- *Stoßen Sie die verbrauchte Luft in der Lunge durch ein genüß-*

liches Seufzen aus. Schnuppern Sie mit geschlossenen, etwas vorgeschobenen Lippen zwei- bis dreimal. Kneifen Sie mit Daumen und Zeigefingern in die Backengrübchen. Lassen Sie dabei das Kinn beziehungsweise den ganzen Unterkiefer hängen, ohne den Mund zu öffnen. Gleichzeitig die Zunge locker bewegen.

- *Sperren Sie Mund und Rachen weit auf, und sprechen Sie ein offenes »A a a a« – staccato. Strecken, dehnen und räkeln Sie sich dabei befreiend, und beenden Sie die Übung mit einem Stöhnen und einem inneren Nachgeben.*
- *Üben Sie, bis sich das große Gähnen von selbst einstellt.*

➲ Das Wichtigste in Kürze

Befriedigen Sie Ihr Bedürfnis nach frischer Luft, und geben Sie dem spontanen Wunsch nach Gähnen und Stöhnen jederzeit nach. Damit sind dem wahren Atemerleben Tür und Tor geöffnet! Siehe auch »Heimliches Gähnen im Alltag«, Seite 145.

Die verschiedenen Atemphasen

Ausatmen – Atempause – Einatmen

Genauso wie immer noch die Frage im Raum steht, ob nun zuerst das Huhn oder das Ei war, stellt sich die Frage, ob die Atemphase mit dem Ein- oder Ausatmen beginnt. Versuchen Sie die Antwort gleich selbst herauszufinden.

Ausatmen – Entspannen – Einatmen – Bild 4

- ***Ausatmen:*** *Setzen Sie sich auf die Kante eines Stuhls.*
- *Stützen Sie sich gut auf Füßen und Gesäß ab, damit Ihr Brustkorb aufrecht ist und Sie frei atmen können. Die Gesäßhälften spüren Sie, wenn Sie auf dem Stuhl hin und her schaukeln.*
- *Legen Sie die Hände so auf den Brustkorb, daß die kleinen Finger auf die unterste Rippe zu liegen kommen.*
- *Sprechen Sie das Wort »Schneeeeee« in weichem, sanftem Ton. Lassen Sie die Luft drucklos ausströmen, bis der Ton verklungen ist.*
- ***Atempause:*** *Entspannen Sie sich innerlich vollständig. Legen Sie die Lippen weich aufeinander, und schieben Sie sie leicht vor, bis Sie …*
- ***Einatmen:*** *Spüren und fühlen Sie, wie die Luft von selbst wieder durch die Nase einströmt und sich dadurch Brustkorb und Zwerchfell dehnen.*
- *Beenden Sie die Übung mit einem sanften Stöhnen und einem nochmaligen innerlichen Nachgeben.*
- *Machen Sie die Übung mehrmals, bis Sie die verschiedenen Atemphasen bewußt wahrnehmen!*

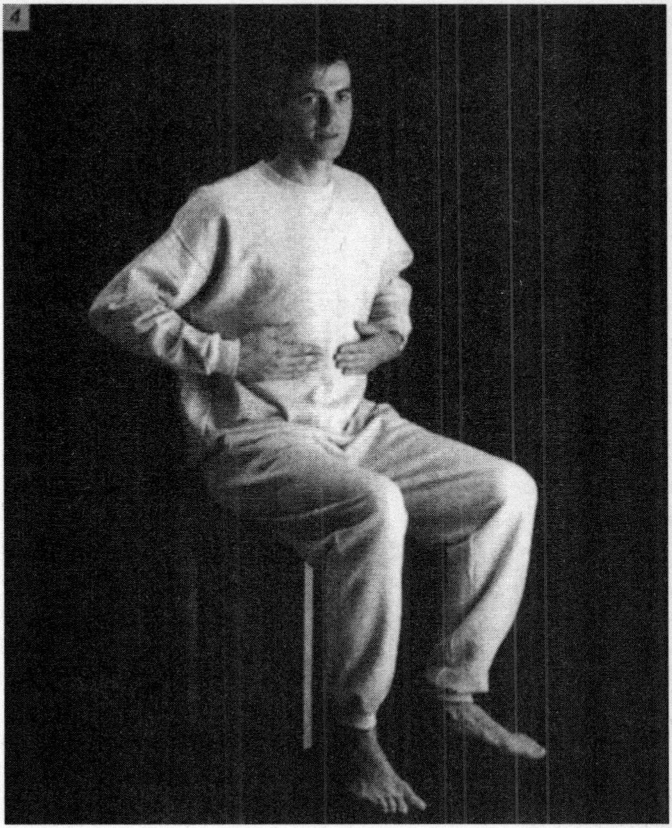

Das Ausatmen und seine Bedeutung

Der Geburtsschrei hilft dem Neugeborenen, seine Lunge von Rückständen zu befreien. Nur eine freie Lunge kann sich mit Luft füllen und den Kreislauf vom Dasein im Mutterleib auf das selbständige Leben umstellen. Das Leben beziehungsweise die Atmung beginnt also auch hier mit dem Ausatmen. Es wäre sinnlos, bei voller Lunge einatmen zu wollen.

Lunge und Flasche im Vergleich

(Bild 5 bis 7)

5

Flasche

Es macht keinen Sinn, eine volle Flasche füllen zu wollen.

Lunge

Bei gefüllter Lunge kann man nicht einatmen.

6

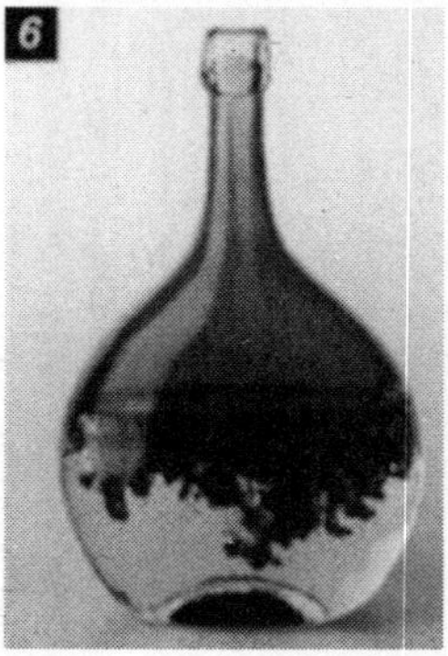

Bei halbvoller Flasche wird die alte und die neue Flüssigkeit gemischt. Das Resultat ist eine schlechte Qualität des Flascheninhalts.

Bei halbvoller Lunge ist der Gasaustausch ungenügend, da sich eingeatmete Luft (Sauerstoff) und auszuatmende Luft (Kohlendioxyd) mischen.

7

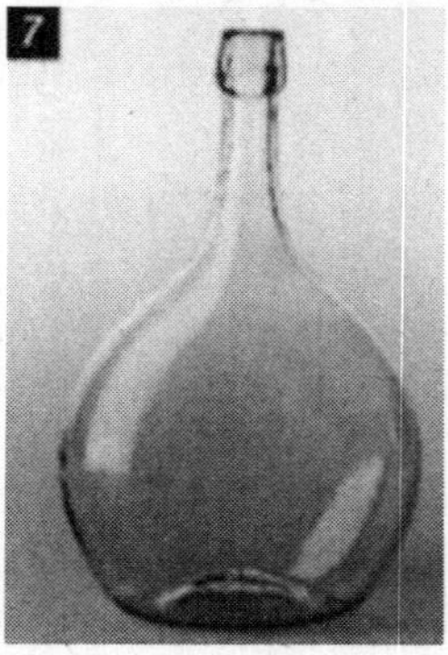

Nur wenn die Flasche leer und sauber ist, wird die, einzufüllende Flüssigkeit ihre gute Qualität behalten.

Bei leerer Lunge ist der Gasaustausch optimal.

Die Bedeutung der stimmhaften Ausatmung können wir erst verstehen, wenn wir uns vorstellen, daß wir ohne besondere Anstrengung 40 bis 60 Sekunden ohne Unterbrechung ausatmen können, wie dies beim Sprechen und Singen oft der Fall ist. In der Regel atmen wir viel weniger lang aus, was zur Folge hat, daß sich Kohlendioxyd (Abfallprodukt beim Atmen) und andere giftige Stoffe in der Lunge stauen, kristallisieren und sich schließlich zu einem Fremdkörper entwickeln, welcher die Atmung behindert.

Würden wir vor dem Einatmen nicht ausatmen, würden die in der Lunge vorhandenen giftigen Gase zwangsläufig ins Blut abgedrängt, und es käme zu Vergiftungen, die sich in Unruhe, Müdigkeit, Depressionen und vielem mehr äußern.

Über den Ton kann die Ausatmung hörbar gemacht und kontrolliert werden. Dafür bieten sich im Alltag und beim Üben folgende Möglichkeiten an:

- *Das Sprechen von Silben, Wörtern und ganzen Sätzen.*
- *Das Zählen und Pfeifen.*
- *Die **dosierte Lippenbremse:** Konsonanten f, s, w, v oder sch durch die locker aufeinandergelegten, nicht ganz geschlossenen Lippen weich und drucklos ausblasen.*
- *Summen auf »n« und »m«.*
- *Vokale, Lieder und Melodien singen.*

➲ Das Wichtigste in Kürze

Entwickeln Sie ein Gehör für Ihre Atmung. Überprüfen Sie, ob Sie die verbrauchte Luft beim Reden und Arbeiten auch wirklich ausstoßen und nicht zu früh und unwillkürlich einatmen. Schalten Sie zwischendurch eine kurze Pause ein, und kontrollieren Sie sich selber.

Die Atempause (Ruheatmung)

- *Atmen Sie mit geschlossenem Mund natürlich stöhnend aus, und lassen Sie die Luft ganz entspannt ausströmen. Geben Sie sich dafür genügend Zeit, damit sich die Einatmung von selber einstellen kann. Nur so ist sie ergiebig und auch erquickend!*

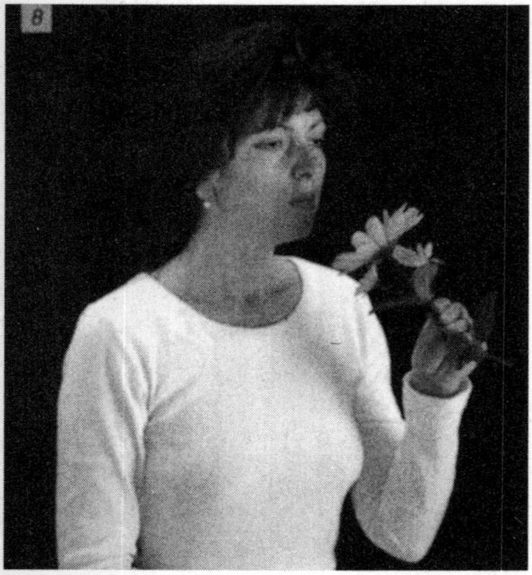

Das Einatmen

Die schmale Nase (Nasenstenose) – Bild 8

- *Betrachten Sie Ihre Nase im Spiegel, und schnuppern Sie zwei- bis dreimal mit geschlossenen, leicht vorgeschobenen Lippen, so als wollten Sie an einer Blume riechen oder die Raumluft kontrollieren.*

Sie stellen fest, daß sich die Nase verschmälert und die Grübchen über den Nasenflügeln tiefer werden. Diese naturgegebene Verschmälerung der Nase nennt man Stenose. Sie ist bei schluchzenden Kindern besonders gut sichtbar.

Das Einatmen – die schmale Nase

Durch das Schließen des Mundes und das Vorschieben der Lippen wird die einströmende Luft leicht gebremst, was zu einer guten Lüftung des obersten und längsten Nasengangs führt. Die Nasenschleimhaut wird zusätzlich gereizt und dadurch gekräftigt, was sie widerstandsfähiger macht und es ihr ermöglicht, die Reinigungsfunktion optimal zu erfüllen (Seiten 45–48). Eine gut funktionierende Nasenstenose verlangt von den Atemmuskeln vollen Einsatz und befähigt uns, die Atmung in Zügeln zu halten und Wachheit, Konzentration und Erlebnisfähigkeit mit jedem Atemzug zu steigern.

➲ Das Wichtigste in Kürze

Die natürliche Nasenstenose setzt am Ende jeder Entspannungsphase ganz von selbst ein. Erinnern Sie sich durch Selbstkontrolle immer wieder an dieses Gefühl bei schmaler Nase, bis es zur Gewohnheit wird. Schieben Sie dazu die sanft geschlossenen Lippen vor dem Einatmen jedesmal etwas nach vorn – und nehmen Sie den durch die schmale Nase eingeatmeten Luftstrom bewußt wahr.

Atemtechnik im Alltag

Nehmen Sie sich Zeit für die Pflege Ihres Wohlbefindens. Nutzen Sie jede Gelegenheit zum Üben, sei es am Arbeitsplatz, bei der Hausarbeit usw. Bereits 5 Minuten täglich zeigen Wirkung. Am besten macht man das »Für-sich-Zeit-Nehmen« zur alltäglichen Pflicht wie das regelmäßige Zähneputzen. Das erlangte Wohlbefinden gibt Kraft, dem Alltag mit all seinen Anforderungen gelassen und offen zu begegnen.

Übungsraum/-ort

Der Übungsplatz sollte ruhig sein und gut gelüftet werden können. Raumtemperatur und Licht sollten angenehm sein. Üben Sie wenn immer möglich bei geöffnetem Fenster oder im Freien.

Kleidung

Wir machen die Übungen in warmer, bequemer, nicht einengender Bekleidung. Dies gilt selbstverständlich auch für die übrige Zeit, denn nur so kann sich die Atmung voll entfalten. Gymnastikschuhe mit weicher Ledersohle sind von Vorteil, da sie den Füßen genügend Raum, aber trotzdem Halt geben. Für Bodenübungen eignet sich eine Unterlage von ca. 70 cm x 100 cm. Es kann eine gummierte Matte mit Stoffüberzug, eine dicke Wolldecke oder ein großes Schaffell sein.

Atmung und Bewegung

Bei körperlicher und seelischer Ausgeglichenheit ist unsere Atmung rhythmisch und harmonisch. Nach relativ langem Ausatmen, das mit der Atempause abgeschlossen wird, folgt automatisch das belebende Einatmen, sofern nicht willkürlich in den Atemprozeß eingegriffen wird. Das Ausatmen entspannt die Atemmuskulatur und kann zusammen mit der Atempause problemlos auf einen x-beliebigen Bewegungsablauf abgestimmt werden. Der vom Atemzentrum gesteuerte Einatmungsreflex wird davon nicht tangiert.

Bewegung und Atmung – Übung 1 – Bild 9

Bewegung	*Atmung*
▪ *in aufrechter Lage im Stehen: einen Arm ausstrecken und langsam heben*	▪ *»Mmmm...« summen – Ton im Körper verströmen lassen – Luft loslassen. Mit dem Summen wird gleichzeitig mit der Bewegung begonnen, damit die Atmung harmonisch fließen kann und nicht verhalten bleibt. Das Atemgeräusch soll weich und drucklos sein. Wichtig ist, daß die Luft ganz losgelassen wird, damit sich Atemmuskulatur und Körper entspannen können.*
▪ *in dieser Stellung verharren – innerlich entspannen*	▪ *Lippen schließen und nach vorne schieben – warten*
▪ *die gewonnene Weite in der Körpermitte wahrnehmen*	▪ *durch die schmale Nase einatmen (Kapitel »Die verschiedenen Atemphasen«, Bild 8, Seite 26); Luft geräuschlos durch*

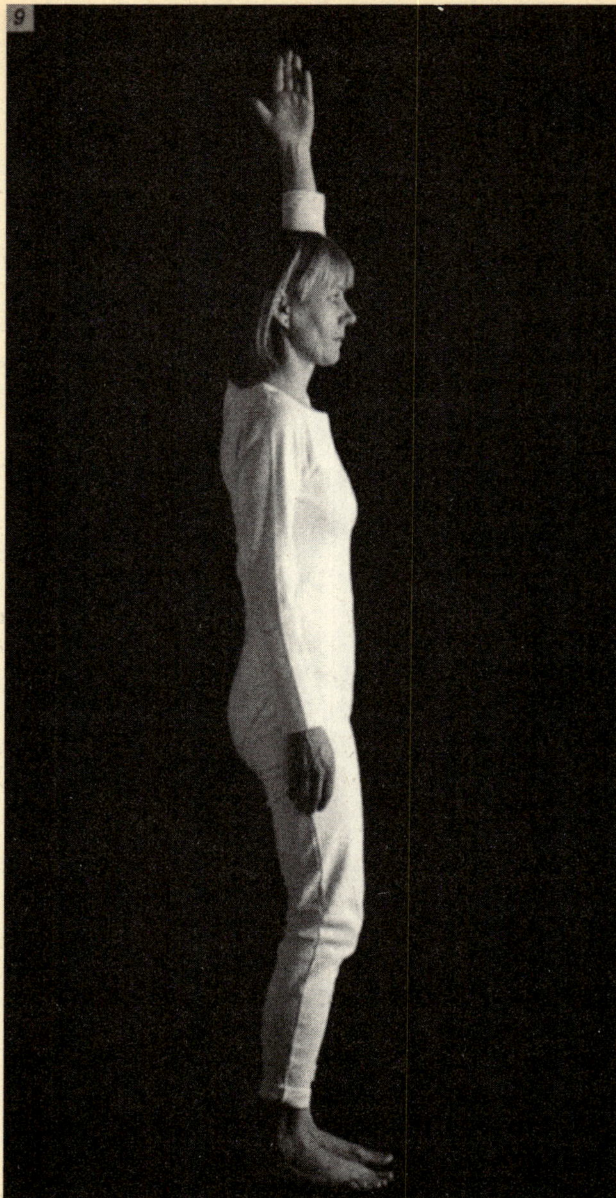
9

Bewegung	*Atmung*
	die schmale Nase einströmen lassen, ohne die Luft willkürlich einzuziehen.
▪ *Arm langsam senken*	▪ *»Mmmm…« summen – Ton im Körper verströmen lassen – Luft loslassen*
▪ *Arm in Ausgangsposition innerlich entspannen*	▪ *Lippen schließen und nach vorne schieben – warten*
▪ *beide Arme hängen lassen*	▪ *durch die schmale Nase einatmen*
▪ *Bewegungsspannung lösen*	▪ *mit einem Stimmlaut ausatmen – nachgeben*

Übung 2 – Bild 9

- *Machen Sie Übung 1 – Bild 9, aber auf dem Rücken liegend, ein Bein oder beide Beine angewinkelt (Kapitel »Atemübungen im Alltag«, Seite 69 f.; Bild 38).*

Die Länge des gesummten »Mmmm« bestimmt den Atemrhythmus. Bei dieser Übung stehen Ausatmung und Einatmung im Verhältnis 3:1. Die Länge der beiden Phasen variiert je nach Übung.

Auch im Alltag muß sich unsere Atmung immer wieder anpassen. Dabei kann es vorkommen, daß sie schon bei der kleinsten Anstrengung ins Stocken gerät, ohne daß wir uns dessen bewußt sind. Verhindern läßt sich dies, wenn wir das Atmen bei alltäglichen Bewegungsabläufen üben (siehe Seite 131).

Bewegung und Ruhe im Gleichgewicht

Bewegung und Ruhe unterliegen dem Gesetz der Gegensätzlichkeit, d.h. einer Bewegungsphase soll immer eine Ruhephase folgen. Sie sollten also, nachdem Sie eine Übung drei- bis viermal gemacht haben, immer in Ruhestellung zurückkehren. Versuchen Sie, sich körperlich und seelisch der Ruhe hinzugeben, und lassen Sie sich von der Atmung führen. Durch dieses bewußte »Nach-innen-Horchen« nach jeder Übung können neue köperliche und seelische Kräfte gesammelt werden. Diese Verinnerlichung schafft einen gesunden Gegenpol zur Bewegung beziehungsweise zum alltäglichen »Nach-außen-gerichtet-Sein«. So werden Sie im normalen Leben wieder mit der notwendigen Konzentration, mit Nervenkraft und Begeisterung arbeiten können.

Ruhestellung nach Übungen im Sitzen (Kutschersitz) – Bild 10

- *Setzen Sie sich auf die Kante eines Stuhls.*
- *Stützen Sie sich gut ab auf Gesäß und bequem breitgestellten Beinen.*
- *Beugen Sie den Oberkörper nach vorn, und legen Sie die Unterarme auf die Oberschenkel. Das Gewicht des Oberkörpers wird dabei langsam nach unten verlagert. Achten Sie darauf, daß Sie die Schultern nicht hochziehen.*

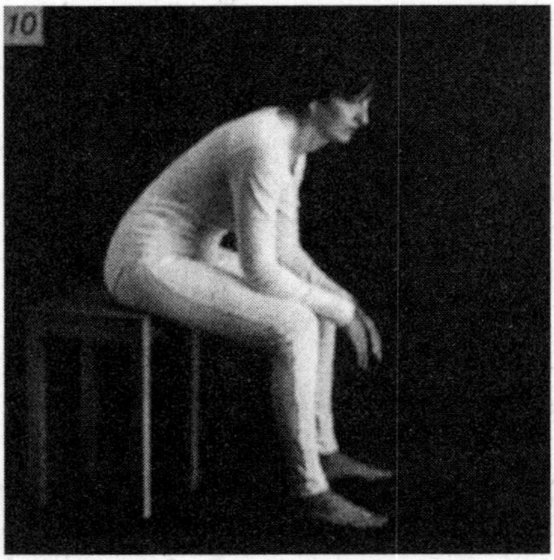

- *Kopf und Wirbelsäule bilden eine Linie.*
- *In dieser Stellung wird der Rücken entlastet und die Atmung ist im Kreuz- und Lendenbereich besonders intensiv.*

Ruhestellung nach Übungen im Stehen – Bild 11

- *Stellen Sie die Beine bequem breit, und verlagern Sie das Gewicht in Beine und Füße.*
- *Neigen Sie Ihren Oberkörper nach vorn, und legen Sie die Unterarme auf die Oberschenkel. Das Gewicht des Oberkörpers wird dabei langsam nach unten verlagert. Kopf und Wirbelsäule bilden eine Linie.*
- *In dieser Stellung ist die Atmung im unteren Teil des Rückens besonders intensiv.*

Ruhestellung nach Übungen im Liegen – Bild 12

- *Legen Sie sich flach auf den Boden. Entspannen Sie sich.*
- *Bei Rücken- oder Kreuzbeschwerden eines oder beide Beine anwinkeln. So entlasten Sie das Kreuz, und Sie spüren, wie die Wirbelsäule ganz vom Boden getragen wird.*

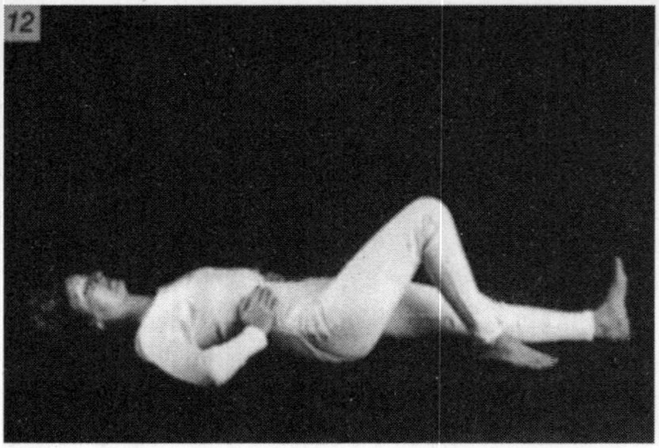

- *Um die Atembewegungen besser wahrzunehmen, winkeln Sie beide Arme an und legen die Hände auf den Bauch oder die Taille.*

Ruhestellung nach Übungen »auf allen vieren« – Bild 13

- *Knien Sie auf den Boden.*
- *Neigen Sie den Oberkörper nach unten, und legen Sie den Kopf entspannt auf die gekreuzten Hände auf dem Boden. Das Gesäß bleibt oben.*

➲ Das Wichtigste in Kürze

Ein gesundes Wechselspiel zwischen Aktivität und Erholung ist Voraussetzung für die Erhaltung und die Regeneration unserer Lebenskräfte. Schalten Sie darum auch im Alltag Erholungspausen ein. Siehe auch im Kapitel »Praktische Ratschläge«, Seiten 125 ff.

Das Nachatmen in Ruhestellung

Durch das Nachatmen kann in jeder Ruhestellung die Atemreaktion intensiviert und vertieft werden. Die naturgegebene »schmale Nase« (Kapitel »Die verschiedenen Atemphasen«, Seite 26, Bild 8) wird wie folgt unterstützt:

Nase schmal stellen – Übung 1 – Bild 14

- *Legen Sie auf beiden Seiten der Nase zwei Fingerkuppen in die Grübchen oberhalb der Nasenflügel.*

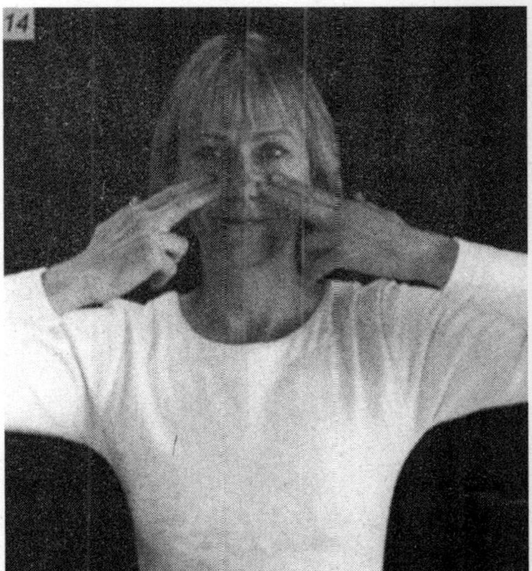

Durch das Schmalstellen der Nasenöffnungen erhält die einströmende Luft Widerstand. Dies fordert die Atemmuskeln zu größerer Aktivität heraus. Der ganze Atemraum wird mobilisiert, und die Luft verweilt länger in den Lungen. Diese intensive Atemphase führt zu einer optimalen Durchblutung und Lüftung von Lunge und Herz. Mit dieser Übung kann auch die naturgegebene schmale Nase (Kapitel »Die verschiedenen Atemphasen«, Seite 26, Bild 8) trainiert werden.

Übung 2 bis 4

Im Wechsel mit der schmalen Nase und je nach Ruhelage können auch andere **Nachatmungstechniken** angewandt werden:

- *Schnuppernd aufatmen (Kapitel »Aufatmen – Entspannen«, Seite 100)*
- *Ruheatmung (Kapitel »Die verschiedenen Atemphasen«, Seite 26)*
- *Gähnen (Kapitel »Gähnen Sie sich gesund und fit«, Seiten 20 und 21)*

Geben Sie dem natürlichen Bedürfnis des Nachatmens genügend Raum. Sie sollten das Gefühl bekommen, wieder ganz durchatmen zu können. Beenden Sie das Nachatmen, indem Sie sich nach Lust und Laune strecken, dehnen und räkeln.

Die Grundlagen einer optimalen Atmung

Grundsätzlich wird bei der Atmung zwischen äußerer Atmung (Lungenatmung) und innerer Atmung (Zellatmung) unterschieden.

Bei der äußeren Atmung wird die über die Nase einströmende Luft durch die Luftröhre in die zahlreichen Verästelungen des Bronchialbaums der Lunge verteilt. Von dort gelangt sie durch die Luft- und Blutgefäße direkt ins Blut, das ins Herz fließt.

Bei der inneren Atmung fließt das mit Sauerstoff angereicherte Blut über die Aorta in die Arterien und von dort in die einzelnen Zellen. Hier findet der energiegewinnende Verbrennungsprozeß statt. Die dabei entstehende Kohlensäure (Abfallprodukt) wird mit dem Blut über die Venen zurück ins Herz und in die Lungen transportiert, wo sie bei der Ausatmung ausgestoßen wird.

Damit unser Körper seine Aufgaben zum Wohle unserer Gesundheit erfüllen kann, müssen wir ihm das notwendige Rüstzeug in die Hand geben. Und dazu zählt auch eine gesunde Atmung. Sie beeinflußt nicht nur unser körperliches und seelisches Wohlbefinden, auch unser Leistungsvermögen ist von der Lungenkapazität abhängig. Siehe auch Kapitel »Atmung ist Leben«, Seite 13.

Unsere Atmung funktioniert optimal, wenn der Sauerstoff ungehindert in die einzelnen Zellen gelangen kann und die Nase funktionstüchtig, der Mund-, Gaumen- und Rachenraum gesund sind. Der Brustkorb soll die naturgegebene Form haben und beweglich sein, was eine gute Körperhaltung voraussetzt. Nur so kann sich das Zwerchfell, der Hauptatemmuskel, ausweiten und seine volle Leistung erbringen und die Atmung unterstützen. Die dafür notwendigen Grundlagen können wir durch entsprechendes Training schaffen.

Entspanntes Aufwachen

Jedes Werkzeug will gepflegt werden, so auch unser Körper, der tagtäglich ein Riesenpensum bewältigen muß. Horchen Sie bereits beim Aufwachen auf die Bedürfnisse Ihres Körpers.

Aufwachen – Übung 1

- *Nach dem Aufwachen hat man das Bedürfnis, sich zu strecken und zu dehnen, was ein natürliches Gähnen auslöst. Wenn Sie niemanden stören, singen und summen Sie dazu, damit auch Ihre Stimme geweckt und gekräftigt wird.*
- *Fordern Sie das wohltuende Strecken und Dehnen mehrmals heraus, indem Sie den neuen Tag mit »schmaler Nase« (Seite 26, Bild 8) beschnuppern und diese gleichzeitig auf Funktionstüchtigkeit prüfen (Kontrolle der Nase, Seite 45), um sie, falls nötig, bereits im Liegen zu behandeln (Behandlung der Nase, Seiten 45–48).*

15

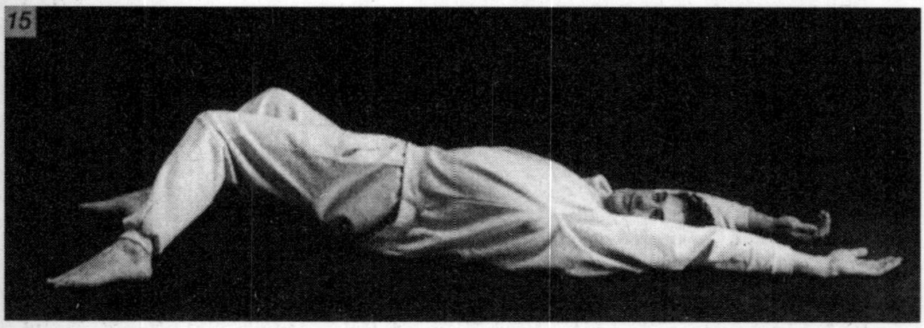

Katzenstreckübung im Liegen – Übung 2 – Bild 15

Die Katzenstreckübung ist im Liegen noch wirksamer, wenn mit der Schwerkraft gearbeitet wird.

- *Winkeln Sie beide Beine in breiter Stellung an, und strecken Sie die Arme nach oben.*
- *Beim Ausatmen lassen Sie ein Knie gegen innen fallen. Geben Sie diesem Zug nach innen ganz nach, und stoßen Sie das Knie nach unten, d.h. in Richtung Fuß. Gleichzeitig drehen Sie den Kopf auf die andere Seite (rechtes Bein, Kopf auf die linke Seite drehen und umgekehrt).*
- *In dieser Dehnstellung, die den ganzen Körper erfaßt, atmen Sie tief ein.*
- *Spüren Sie beim Ausatmen die Schwere des Körpers.*
- *Machen Sie die gleiche Übung mit dem andern Knie.*

Übung 3 – Bild 16

- *Winkeln Sie im Liegen ein Bein nach dem andern an, ohne die Füße von der Unterlage zu nehmen.*
- *Fassen Sie nun mit den Händen beide Beine unterhalb den Knien, und bewegen Sie die Beine Richtung Körper und Füße (der Oberkörper bleibt am Boden), während Sie das Kreuz gefühlvoll weiten und dazu eine Melodie singen.*
- *Bringen Sie die Beine wieder in die angewinkelte Position zurück, und atmen Sie gleichzeitig ein.*

Übung 4 – Bild 16

- *Machen Sie Übung 3 – Bild 16, aber kreisen Sie mit den Knien einmal links herum, einmal rechts herum. Gleichzeitig schmiegen Sie das Kreuz- und Lendengebiet am Boden an und weiten es.*

Übung 5 – Bild 17

- *Strecken Sie in liegender Stellung Beine und Arme in die Höhe, und zappeln Sie kräftig, ähnlich einem Käfer, der sich aus der mißlichen Rückenlage befreien will. Dazu summen Sie ein offenes »Aaaaa ...«.*
- *Bringen Sie Beine und Arme in die Ausgangsposition zurück, und atmen Sie ein.*

Übung 6 – Bild 17

- *Machen Sie Übung 5, aber kreisen und wippen Sie mit Händen und Füßen abwechslungsweise.*

Nach diesem Übungsprogramm werden Sie frisch und munter sein und den Tag mit viel Elan in Angriff nehmen. Der Kräftefluß ist nun so richtig angeregt, und die Extremitäten sind gut mit Blut und Sauerstoff versorgt.

Ihr Wohlbefinden können Sie während des Tages noch verbessern, wenn Sie die Übungen mehrmals wiederholen.

➲ Entspanntes Aufwachen in Kürze (Selbstdiagnose)

Die morgendlichen Streck- und Dehnübungen im Bett sowie die Katzenstreckübungen während des Tages geben Ihnen Auskunft über Ihr Wohlbefinden. Verspannungen können mit den Übungen rasch behandelt werden. Mehr darüber im nächsten Kapitel.

Verspannungen lösen

Verspannte und verhärtete Muskeln werden nur schlecht mit Blut versorgt. Dies zieht auch einen Sauerstoffmangel nach sich. Der Kräftefluß ist in den verspannten Zonen blockiert.

Besser, als Verspannungen lösen zu müssen, ist selbstverständlich, ein Empfinden für leidende Körperzonen zu entwickeln und bereits im Frühstadium einzugreifen.

Übung 1 – Bild 18

Verspannungen in der Schulter lösen

- *Fassen Sie mit der Hand übers Kreuz den Schultergürtel, und bearbeiten Sie die Muskeln zwischen Daumen und übrigen Fingern. Spüren Sie, wie der Schultergürtel reagiert.*
- *Massieren Sie mit kreisenden und streichenden Bewegungen die verhärteten Körperzonen, bis sie durchgängiger und gelöster sind. Während des Massierens die Schultern locker kreisen.*
- *Begleiten Sie die Behandlung mit Singen oder Summen, um dann in Ruhestellung mit gesenktem Arm wieder einzuatmen und anschließend mit Stimmlauten zu entspannen.*

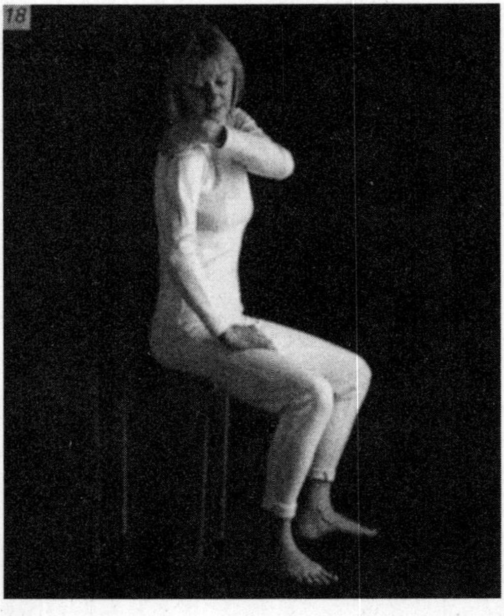

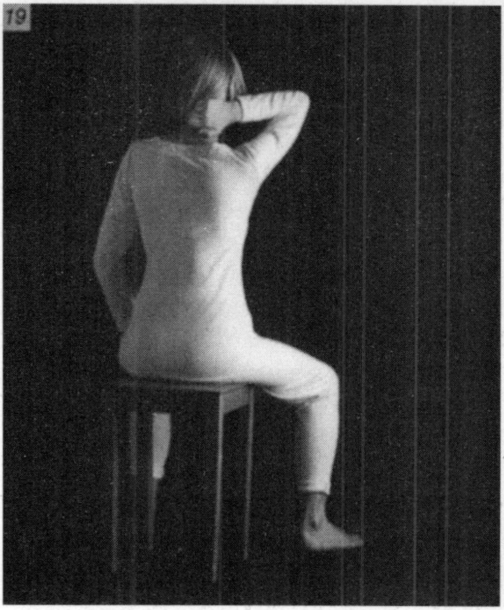

Übung 2 – Bild 19

Verspannungen im Nacken lösen

- *Fassen Sie mit einem Griff den Nacken, und ziehen Sie diesen nach oben, währenddem Sie den leicht geneigten Kopf nach oben stoßen und ihn hin und her bewegen.*
- *Begleiten Sie die Behandlung mit Singen oder Summen, um in Ruhestellung mit gesenktem Arm wieder einzuatmen und anschließend mit Stimmlauten zu entspannen.*

Übung 3

- *Übung 1 und 2 eignen sich auch bei Verspannungen in anderen Körperzonen.*

Verwöhnen Sie sich ab und zu mit einem entspannenden Bad, oder unterstützen Sie die Behandlung mit einem Wickel, den Sie auf die schmerzende Stelle legen. Selbst die für Sie schwer erreichbaren Rücken- und Schulterzonen können mit Wickeln gut behandelt werden. Starke Verspannungen brauchen selbstverständlich viel Zeit und Geduld. In hartnäckigen Fällen wird der Gang zum Therapeuten notwendig sein. (Wickel und Kompressen, Seiten 160 und 161.)

➲ Verspannungen lösen in Kürze

Nutzen Sie jede Möglichkeit zum Lockern und Entlasten verspannter Körperzonen. Mehr darüber im Kapitel »Praktische Ratschläge«, Seiten 125–127, »Alltagssituationen sinnvoll nutzen«.

Nase gut – alles gut!

Eigentlich beginnt die Atmung in der Nase. Die Innenwände der Nase sind mit einem Epithel (Deckgewebe, dessen Zellen in einer oder mehreren Lagen die Oberfläche überziehen) und feinen Flimmerhärchen ausgekleidet. Die Flimmerhärchen reinigen, desinfizieren, befeuchten und erwärmen die einströmende Luft, welche nachher in guter Qualität über die drei Nasengänge in die Lunge gelangt. Auch Kopf- und Hirnzonen profitieren von einer optimalen Sauerstoffversorgung. Der reinigende Lymphstrom wird dadurch aktiviert.

Durch Luftverschmutzung verursachte Reizungen, Allergien, übermäßige Schleimbildung bei Erkältungen, Polypen usw., aber auch trockene Schleimhäute während der Heizperiode können die Funktionstüchtigkeit der Nase einschränken und die Sauerstoffaufnahme behindern. Wenn wir als Konsequenz durch den Mund atmen und die einströmende Luft in unverarbeitetem Zustand in die Lunge fließt, kann es zu Atemreizungen und Atemwegserkrankungen kommen.

Wenn eine Nasenöffnung während des ganzen Tages verstopft ist, hat dies direkte Auswirkungen auf die Leistungsfähigkeit, da nur ein Teil des effektiv notwendigen Sauerstoffs aufgenommen werden kann. Dies erklärt, weshalb Erkältungskrankheiten, z.B. Katarrh, oft von großer Müdigkeit und Konzentrationsschwäche begleitet sind.

Für eine gute Atmung muß die Nase täglich auf ihre Funktionstüchtigkeit kontrolliert werden, Schleim und Rückstände müssen ausgeschafft werden.

Übung 1 – Bild 20

Die Kontrolle der Nase

- *Schließen Sie eine Nasenöffnung mit Hilfe des Mittelfingers.*
- *Prüfen Sie durch ein sanftes Schnuppern, ob die andere Nasenöffnung frei und durchgängig ist.*
- *Machen Sie die gleiche Kontrolle mit der anderen Nasenöffnung.*

Übung 2 – Bild 21 und 22

Die Behandlung der Nase

- *Streichen Sie die Nase zwei- bis dreimal leicht summend mit Zeigefinger und Mittelfingerkuppen vom Jochbein über die*

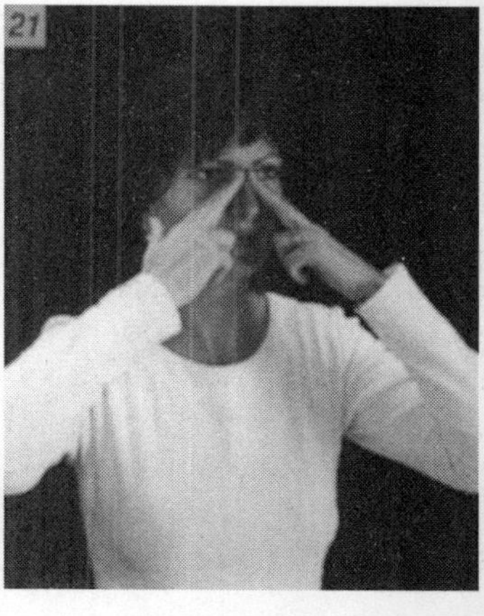

Nasenflügel Richtung Wangen aus. Lassen Sie dabei den summenden Laut sanft verströmen.

- *Legen Sie die Fingerkuppen neben die Nasenflügel und dehnen Sie diese leicht nach außen, damit die Luft durch die gedehnte Nase einströmen kann.*

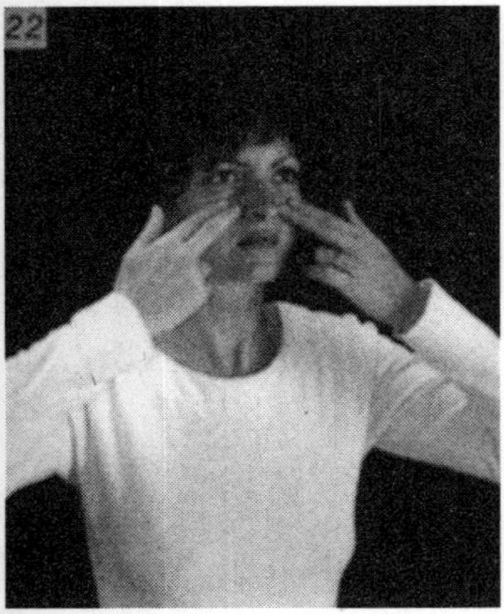

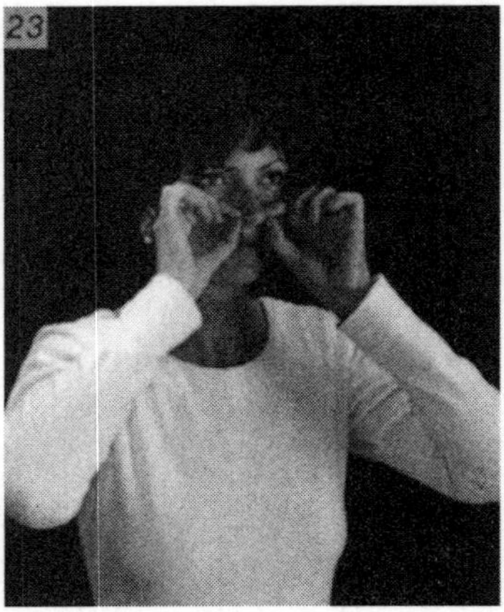

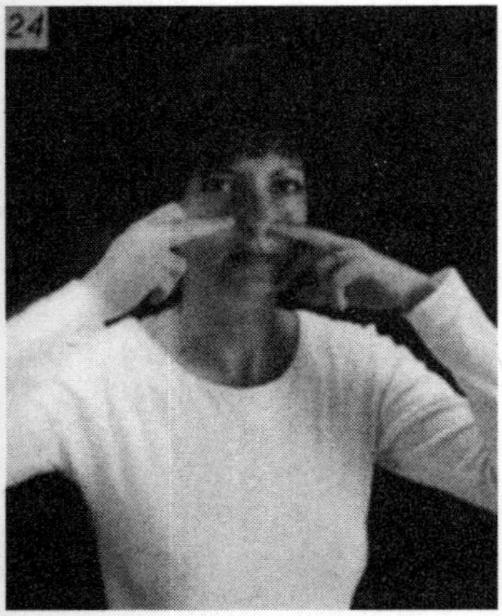

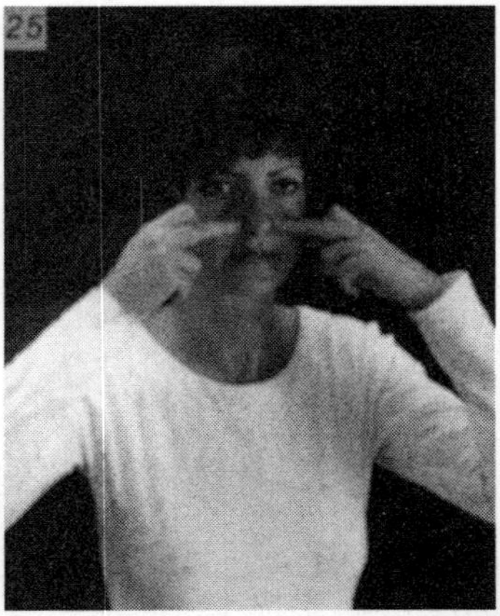

Übung 3 – Bild 23

- *Wiederholen Sie die Übung 2, fassen Sie aber zum Einatmen die Nasenflügel mit Daumen und Zeigefinger, und weiten Sie die Nasenöffnungen seitlich und nach unten.*

Übung 4 – Bild 24

- *Schließen Sie mit einer Fingerkuppe ein Nasenloch, und beklopfen Sie den gegenüberliegenden Nasenflügel sanft summend mit einer Fingerkuppe, bis der Ton verklungen ist. Warten Sie einen Moment, bis beim offenen Nasenloch die Einatmung einsetzt.*

Übung 5 – Bild 25

- *Legen Sie auf beide Seiten der Nase die Mittelfingerkuppe, und beklopfen Sie die Nasenflügel sanft summend, bis der Ton verklungen ist.*
- *Senken Sie zum Einatmen die Arme.*

Übung 6 – Bild 25

- *Wiederholen Sie die Übung 5, aber fahren Sie beim Einatmen mit dem Beklopfen der Nasenflügel fort.*

Übung 7 – Bild 25

- *Wiederholen Sie die Übung 5, aber stellen Sie beim Einatmen die Nase schmal (Kapitel »Atemtechnik im Alltag«, Seite 35, Bild 14).*

Übung 8

- *Wiederholen Sie die Übungen 2 bis 7, und machen Sie immer wieder die Kontrolle der Nase (Übung 1 – Bild 20), bis beide Nasenöffnungen durchgängig und funktionstüchtig sind und Sie ein gutes Nasengefühl haben.*

Dampfanwendungen und Tees

- *Unterstützen Sie Ihre tägliche Nasenhygiene mit schleimlösenden Dampf- und Teeanwendungen (Kapitel »Wasser-, Dampf- und Wickelanwendungen« und »Kräutertees und ihre Anwendung«).*

➲ Das Wichtigste in Kürze

Kontrollieren Sie in verschiedenen Alltagssituationen, ob Sie Ihre Nase wirklich benützen können und Sie nicht durch den Mund atmen.

Testen Sie die Nase auf ihre Funktionstüchtigkeit (Übung 1 – Bild 20). Behandeln Sie sie bei Undurchlässigkeit, bis die natürliche Nasenfunktion wiederhergestellt ist.

Die tägliche Bronchialhygiene

Unsere Lunge kann mit einem Baum verglichen werden. In den tausend kleinen Verästelungen, den Bronchien, findet laufend ein Gasaustausch statt. Je besser versorgt und durchblutet die Bronchien sind, um so besser werden sie belüftet, und um so optimaler funktioniert der Sauerstoffaustausch.

Selbst bei gesunden und widerstandsfähigen Menschen wird das Atemsystem bei der heutigen Luftverschmutzung ziemlich auf Trab gehalten. Rauch, Staub, chemische Schadstoffe usw., die in der Luft schweben, beeinträchtigen den Gasaustausch. In unserem Organismus führen die Fremdstoffe zu Reizungen, Erkältungen, Infekten, Entzündungen sowie chronischen Atemwegserkrankungen.

Mit der täglichen Bronchialhygiene unterstützen wir die Reinigungsmechanismen der Lunge. Durch Schütteln, Klopfen und Vibrieren, in Verbindung mit einem verlängerten und von Summen begleiteten Ausatmen, wird die Lunge gesäubert, von der

verbrauchten Luft befreit und zugleich in ihrer Spannkraft gestärkt. Das tiefere Einatmen, das sich nach den Übungen spontan einstellt, weitet die Bronchien, befreit die Lunge von Verunreinigungen und löst selbst große Schleimansammlungen. Diese können mit lockerem Räuspern, ohne zu pressen, womöglich mit einer Umlagerung, ausgeschieden werden. Zum Teil wird der Schleim auch innerlich abtransportiert.

Die nachfolgenden Bronchialübungen sollen zügig und beschwingt gemacht werden. Jeder Rhythmus- und Tonwechsel spricht wieder andere Lungenbezirke an. Die Vibrationen wirken nach innen und unterstützen zusammen mit der Umlagerung das Lösen und Ausscheiden von Schleim. Dadurch wird der Gasaustausch beschleunigt. Schlecht belüftete und schlecht durchblutete Lungenbezirke können wieder »aufatmen«.

Übung 1

- *Reiben Sie Ihre Hände warm.*

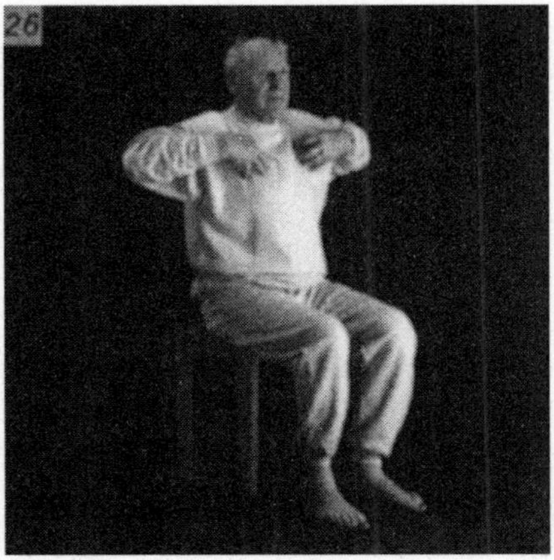

Übung 2 – Bild 26

- *Setzen Sie sich auf einen Stuhl.*
- *Beklopfen Sie mit lokkeren Fingerkuppen die obere Hälfte des Brustkorbs, während Sie eine Ausatmung lang summen.*
- *Senken Sie die Arme, und atmen Sie durch die schmale Nase (Kapitel »Die verschiedenen Atemphasen«, Seite 26, Bild 8) ein.*

Übung 3 – Bild 27

- *Machen Sie Übung 2, aber auf dem unteren Teil des Brustkorbs.*
- *Nachatmen und ruhen: Siehe Kapitel »Atemtechnik im Alltag«, Seite 35.*

Übung 4 – Bild 26 und 27

- *Machen Sie Übung 2 und 3, jedoch im Stehen und mit lockeren Fäusten. Nachatmen und ruhen: Siehe Kapitel »Atemtechnik im Alltag«, Seite 35.*

Wichtig: Entwickeln Sie bei den Übungen ein Gefühl für die Lungenbezirke, und versuchen Sie wahrzunehmen, wie die feinen Vibrationen nach innen wirken. Beginnen Sie mit den Übungen immer sanft und gefühlvoll, um eventuell vorhandene Schleime nicht zu reizen.

Übung 5 – Bild 28

- *Sie stehen in lockerer Haltung.*
- *Beklopfen Sie den unteren Brustkorb leicht drei- bis viermal*

abwechslungsweise mit der linken und der rechten flachen Hand, während Sie zählen.

- *Senken Sie die Arme, und atmen Sie mit schmaler Nase ein (Kapitel »Die verschiedenen Atemphasen«, Seite 26, Bild 8).*
- *Nachatmen und ruhen: Siehe Kapitel »Atemtechnik im Alltag«, Seite 35.*

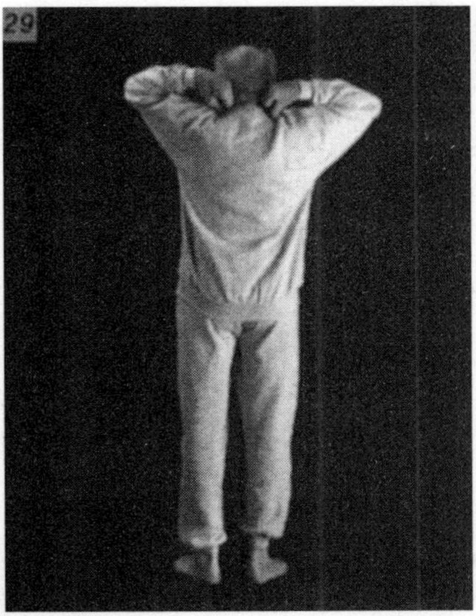

Übung 6 – Bild 29

- *Sie stehen in lockerer Haltung.*
- *Legen Sie beide Hände in den Nacken, und beklopfen Sie die Nackenmuskulatur mit lockeren Fäusten, und singen Sie dazu eine kurze Melodie: »Froh zu sein bedarf es wenig …«, – einen Klopfschlag lang einatmen – »… und wer froh ist, ist ein König«.*
- *Senken Sie die Arme, und atmen Sie ein.*

Übung 7 – Bild 29

- *Machen Sie Übung 6, aber auf dem unteren und oberen Brustkorb.*
- *Nachatmen und ruhen: Siehe Kapitel »Atemtechnik im Alltag«, Seite 35.*

Übung 8 – Bild 30

- *Verlagern Sie das Gewicht auf den rechten Fuß.*
- *Beklopfen Sie die rechte Flanke sechsmal mit dem rechten, lockeren Handrücken, und zählen Sie dazu. Beim 7. und 8. Beklopfen atmen Sie ein.*
- *Wiederholen Sie die Übung dreimal.*
- *Machen Sie die gleiche Übung auf der linken Flanke.*
- *Senken Sie die Arme.*
- *Atmen Sie durch die schmale Nase ein (Kapitel »Die verschiedenen Atemphasen«, Seite 26, Bild 8).*

Übung 9 – Bild 30

- *Machen Sie Übung 8, wechseln Sie aber nach jedem Beklopfen die Seite, mit entsprechender Gewichtsverlagerung.*
- *Nachatmen und ruhen: Siehe Kapitel »Atemtechnik im Alltag«, Seite 35.*

Übung 10 – Bild 31

- *Beklopfen Sie die untere Rückenpartie dreimal mit lockeren Fäusten, und neigen Sie gleichzeitig den Oberkörper nach vorn, und fangen Sie die Klopfschläge mit gebeugten, wippenden Knien auf. Summen Sie dazu.*
- *Wiederholen Sie Punkt 1 dreimal. Atmen Sie ein.*
- *Hängen Sie den Rumpf beim Ausatmen langsam Wirbel um Wirbel nach unten (Kapitel »Der erste Schritt«, Seite 18 f., Bild 2). Entspannen Sie sich, und atmen Sie ein.*
- *Richten Sie den Rumpf Wirbel um Wirbel auf, indem Sie fest auf beide Füße stehen und gleichzeitig auf »sch« ausatmen (Kapitel »Der erste Schritt«, Seite 18 f., Bild 3).*

- *Nachatmen und ruhen: Siehe Kapitel »Atemtechnik im Alltag«, Seite 35.*

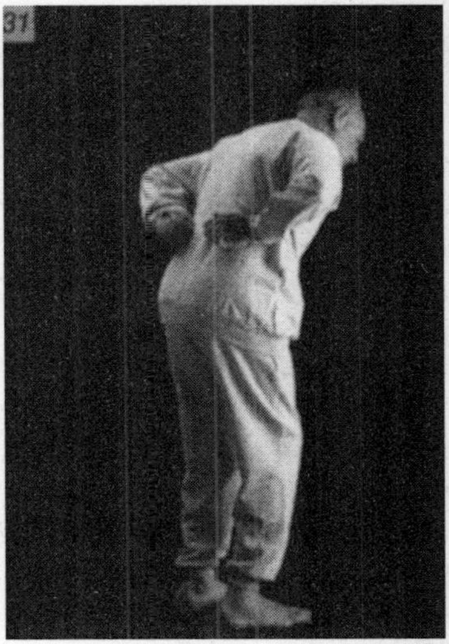

Übung 11 – Bild 32

- *Kombinieren Sie die Übungen 2 bis 7, Bild 26 bis 29, mit Fußtreten (Kapitel »Atemübungen im Alltag«, Seite 83) oder mit lockerndem Fußwippen, indem Sie abwechslungsweise auf den Fußballen und den Zehen stehen.*

Integrieren Sie die Bronchialübungen fest in Ihr Tagesprogramm. Die Übungen eignen sich bestens als Aufwach- oder Umstimmungsprogramm, stimulieren sie doch den Stoffwechsel.

Wichtig: Bei den Bronchialübungen kann es durch das Schleimlösen zu einem Hustenreiz kommen. Auf die richtige Hustentechnik wird auf Seite 146 eingegangen.

Wasser- und Wickelanwendungen, Tee

- *Die Bronchialübungen sind noch wirksamer, wenn man die Lungengegend mit warmen Wasser- und Wickelanwendungen vorbereitet (Kapitel »Wasser-, Dampf- und Wickelanwendungen«, Seiten 156–161).*
- *Schleim- und entzündungshemmende Lungentees (Kapitel »Kräutertees und ihre Anwendung«) sind als Vorbereitung ebenfalls zu empfehlen.*

Zwerchfellübungen

Das Zwerchfell, ein Muskel, ist verantwortlich für die Bauchatmung. Die kuppelförmige Muskel-Sehnen-Platte liegt zwischen Brustraum und Bauchraum. Das Zwerchfell ist an der Wirbelsäule, an den Rippen und am Brustbein angewachsen. Beim Einatmen flachen die beiden Zwerchfellkuppeln im linken und rechten Oberbauch ab und ziehen die Lungen nach unten. Der Brustraum wird dadurch weiter, und die Lunge wird gut belüftet. Auch die Bauchorgane, die dem Zwerchfelldruck nach außen ausweichen, profitieren von der Atemdruckwelle. Je kräftiger und größer das Zwerchfell ist, desto besser ist die Kontraktion (das Zusammenziehen des Muskels), und desto besser sind auch der Gasaustausch und die Sauerstoffversorgung.

Wenn wir rufen oder singen, können wir das Zwerchfell kräftigen und gleichzeitig seine Bewegungen wahrnehmen. Bei starker Zwerchfellbewegung (beim Einatmen) dehnt sich die Taille.

Übung 1

Zwerchfellkräftigung

- *Setzen Sie sich auf eine Stuhlkante.*
- *Stützen Sie sich gut auf Füßen und Gesäß ab.*
- *Legen Sie Ihre Hände auf die Zwerchfellgegend (Kapitel »Die verschiedenen Atemphasen«, Seite 23, Bild 4).*
- *Rufen Sie laut »Haaa«, währenddem Sie die Schwere des Körpers in die Füße verlagern (dies stabilisiert die gerade Haltung des Rumpfs). Spüren Sie das Spannen und Lösen in der Zwerchfellgegend?*
- *Rufen Sie laut »Haa«, »Haa«, »Haa« (zwischen den Silben entspannt sich das Zwerchfell jedesmal). Lösen Sie auch jedesmal den Fußdruck, und atmen Sie durch die schmale Nase (Kapitel »Die verschiedenen Atemphasen«, Seite 26, Bild 8) ein. Spüren Sie die Dehnung und Öffnung in der Taille?*
- *Singen Sie eine Melodie »staccato« auf »Ha« »Ha« »Ha«. Lassen Sie dabei Ihr Zwerchfell hüpfen, und atmen Sie jeweils kurz durch die schmale Nase ein. Spüren Sie die Zwerchfellaktivität?*

Damit sich das Zwerchfell den unterschiedlichen Bewegungsabläufen der Atmung anpassen kann, muß es geschmeidig sein und sich entspannen können. Es handelt sich dabei nicht um ein Erschlaffen des Muskels, sondern um eine der Aktivität angepaßte Spannungsabnahme. Wie Sie die Atemmuskulatur augenblicklich entspannen können, lernen Sie in der folgenden Übung.

Übung 2

Atemmuskulatur entspannen

- *Setzen Sie sich auf eine Stuhlkante.*
- *Stützen Sie sich gut auf Füßen und Gesäß ab.*
- *Legen Sie Ihre Hände auf die Zwerchfellgegend (Kapitel »Die verschiedenen Atemphasen«, Seite 23, Bild 4).*

- *Blasen Sie ein hörbares »Whuuuhh«, und lassen Sie die Lippen vibrieren. Schieben Sie die Lippen vor, und atmen Sie in kleinen Stößen schnuppernd wieder ein. Dabei erzittern Zwerchfell, Leib und Brustkorb.*
- *Atmen Sie bei geschlossenen Lippen stöhnend aus.*

Übung 3
Atemmuskulatur entspannen

- *Lassen Sie ein weiches »Aa« ausströmen und entspannen Sie.*
- *Lassen Sie nur wenig Luft durch die schmale Nase (Kapitel »Die verschiedenen Atemphasen«, Seite 26, Bild 8) einströmen, und entspannen Sie ein zweites Mal. Spüren Sie, wie die Luft durch die Nase einströmt und sich Ihre Taille weitet und der Einatmungsreflex einsetzt?*

Die Stimme bewußt brauchen

Die Wichtigkeit der stimmhaften Ausatmung wurde bereits in Kapitel »Die verschiedenen Atemphasen« behandelt.

- *Brauchen Sie Ihre Stimme bei jeder Gelegenheit! Dies gilt vor allem für Menschen, die oft allein sind.*
- *Sprechen, singen, rufen, summen und pfeifen Sie, wann immer sich Gelegenheit bietet.*
- *Spielen Sie ein Blasinstrument.*
- *Lachen ist die beste Atemtherapie.*

Ton und Klang können einiges an Positivem bewirken. Nicht nur das Gemüt, sondern auch der Organismus läßt sich damit umstimmen. Die Lungen können sich von der verbrauchten Luft befreien, was zu ergiebigem Einatmen führt und neue Lebenskräfte weckt.

Stärkung für Mund, Gaumen und Rachen

Bei optimalen Verhältnissen in Mund, Gaumen und Rachen kann die Luft ohne Behinderung in die unteren Atemwege strömen. Die nachfolgenden Übungen, die problemlos während der Morgentoilette oder auch tagsüber gemacht werden können, zeigen, wie die oberen Atemwege gestärkt werden können.

Übung 1

- *Blasen Sie Ihre Backen dreimal auf, und schütteln Sie dabei Ihren Kopf locker, während Sie ein energisches »Phuuuuuuu« ausblasen und durch die schmale Nase (Kapitel »Die verschiedenen Atemphasen«, Seite 26, Bild 8) wieder einatmen.*
- *Lassen Sie Ihren Kopf locker hängen, und bewegen Sie den Kiefer mit geöffnetem Mund hin und her, bis Sie gähnen müssen.*
- *Schnalzen Sie mit der Zunge.*
- *Sprechen Sie mit verschiedenen Mundstellungen z.B. ein spitzbreites »I-ü-i-ü-i-ü-i-ü«.*
- *Ziehen Sie Ihre Zunge in den Rachenraum zurück, und führen Sie sie anschließend den Zahnreihen entlang, während Sie mit leicht geschlossenen Lippen summen, bis Sie gähnen müssen oder sich das Bedürfnis zum Einatmen einstellt.*
- *Fordern Sie das Gähnen immer wieder heraus (Kapitel »Gähnen Sie sich fit und gesund«, Seiten 20 und 21).*

Der Fußdruck ist wichtig

Unsere Füße können mit den Wurzeln eines Baums verglichen werden. Ähnlich den Wurzeln geben uns die Füße Halt, und dies ein ganzes Leben lang. Brauchen Sie Ihre Füße bewußt und oft, und benutzen Sie sie als tragendes »Element«. Entsprechend gut wird Ihre Körperhaltung sein und der Atmung genügend Raum geben. Siehe auch nachfolgendes Kapitel »Die richtige Haltung«.

Wenn wir vom Belasten der Füße, von Gewichtsverlagerung in die Füße usw. sprechen, soll im Stehen, Sitzen oder Liegen mit bewußt eingesetztem Druck der ganze Fuß auf der Unterlage stehen.

Übung 1

- *Stehen Sie in aufrechter Haltung.*
- *Verlagern Sie das Gewicht in die Füße.*
- *Während Sie ausatmen, setzen Sie den Fußdruck ein. Was spüren Sie?*
- *Atmen Sie aus, und verlagern Sie das Gewicht in die vordere Fußhälfte, während Sie Zehen und Fußballen anspannen und auf den Boden drücken. Spüren Sie die Spannung der Muskulatur in den Beinen, Hüften und im Oberkörper?*

Übung 2

- *Machen Sie Übung 1, aber verlagern Sie das Gewicht leicht nach hinten, und belasten Sie die Fersen.*

Übung 3

- *Machen Sie Übung 1 und 2, aber kreisen Sie mit den Hüften, und verlagern Sie das Gewicht auf die Innen- und Außenkanten des Fußes respektive von einem Fuß auf den andern.*
- *Schütteln Sie Ihre Füße locker aus.*
- *Ruhen und nachatmen: Siehe Kapitel »Atemtechnik im Alltag«, Seite 35.*

➲ Das Wichtigste in Kürze

Setzen Sie den Fußdruck im Stehen, Sitzen und Liegen jederzeit bewußt ein. Siehe auch nachfolgendes Kapitel »Die richtige Haltung« mit den entsprechenden Übungen.

Die richtige Haltung

Die Wirbelsäule hält unseren Körper aufrecht. Die äußere Haltung ist zugleich ein Spiegel unseres inneren Befindens.

Wenn Sie Ihrem Rücken jederzeit die notwendige Aufmerksamkeit schenken, ihn pflegen und ausreichend entlasten und dabei auch die innere Haltung nicht vernachlässigen, kann sich die Atmung voll entfalten.

Übung 1

Das innere Aufrichten

- *Üben Sie vor einem großen Spiegel, damit Sie ein Gefühl für Ihre Körperhaltung entwickeln. Stellen Sie sich vor, Sie müßten auf dem Kopf ein Buch tragen. Dieses Buch zwingt Sie, die Balance zu suchen, und beeinflußt automatisch Ihre Haltung. Wichtig ist, daß Sie die Füße gut belasten. Der Fußdruck richtet auf, streckt die Gelenke und spannt die Muskulatur in Beinen und Hüften. Dadurch richtet sich auch das Becken auf. Der obere Teil der Hüfte wird etwas zurückgeschoben, wodurch die Wirbelsäule gestreckt und gestützt und das Hohlkreuz korrigiert wird. Lassen Sie dabei die Arme locker hängen, damit der Schultergürtel leicht nach hinten gezogen wird und Sie im Nacken frei sind.*

Bei dieser aufrechten Haltung bekommt die Atmung in der Körpermitte viel Raum. Die Rippen, die mit dem Brustbein flexibel verbunden sind, können sich frei bewegen und begünstigen die gute Belüftung der Lungenflügel. Das Zwerchfell kann sich abflachen, so daß auch die Bauchorgane von der Atemdruckwelle profitieren.

Mit den nachfolgenden Übungen können Sie Ihre Körperhaltung kontrollieren und sie gleichzeitig im Liegen, Sitzen und Stehen üben. Denken Sie dabei auch an Ihre innere Aufrichtung.

Übung 2 – Bild 33

- *Sie liegen auf dem Rücken. Winkeln Sie die hüftbreit gestellten Beine an. Der Kopf ist leicht nach vorn geneigt und der Nacken langgezogen.*
- *Atmen Sie aus, und spüren Sie, wie die Bauchdecke einsinkt. Verlagern Sie das Gewicht in die Füße. Entspannen Sie sich. Spüren Sie, wie sich das Kreuz an der Unterlage anschmiegt und so die ganze Wirbelsäule flach auf dem Boden liegt. Atmen Sie ein.*
- *Atmen Sie stöhnend aus, und entlasten Sie gleichzeitig die Füße.*
- *Ruhen und nachatmen: Siehe Kapitel »Atemtechnik im Alltag«, Seite 35.*

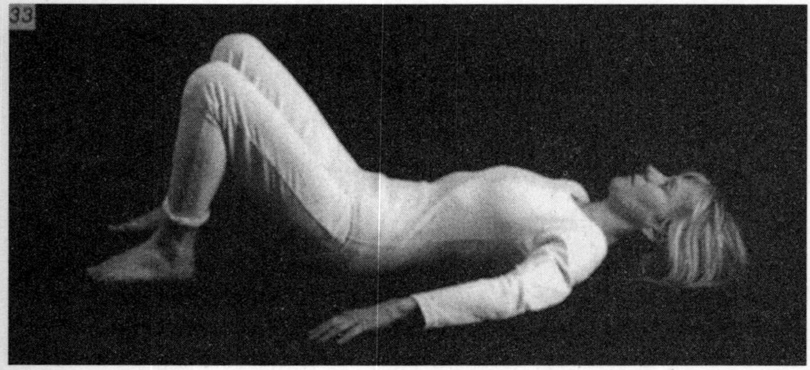
33

Übung 3 – Bild 34

- *Setzen Sie sich auf einen Hocker, und lehnen Sie sich an die Wand. Schultern und Arme lassen Sie dabei entspannt hängen.*
- *Atmen Sie aus, und verlagern Sie das Gewicht in die Füße. Drücken Sie Ihr Kreuz gegen die Wand. Neigen Sie Ihren Kopf leicht nach unten, und machen Sie einen langen Nacken, damit Sie die Wirbelsäule an der Wand spüren. Atmen Sie ein.*

- *Atmen Sie stöhnend aus, und entlasten Sie gleichzeitig die Füße.*
- *Ruhen und nachatmen: Siehe Kapitel »Atemtechnik im Alltag«, Seite 35.*

Übung 4 – Bild 36

- *Machen Sie Übung 3, jedoch im Stehen. Die Füße sind hüftbreit auseinandergestellt, ca. 20 cm von der Wand entfernt.*

Übung 5 – Bild 34 und 36

- *Machen Sie Übung 3 und 4, jedoch im freien Raum.*

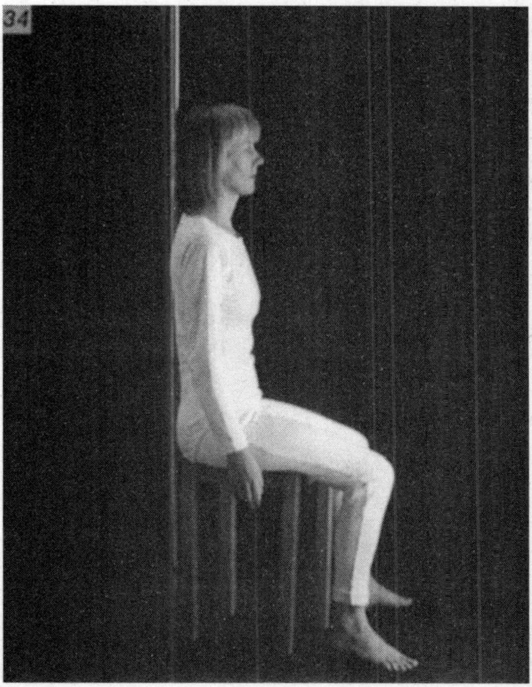

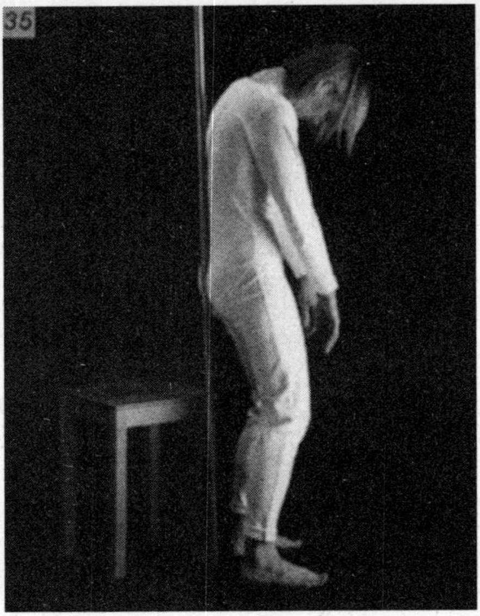

Übung 6 – Bild 35

- *Sie stehen und stellen die Füße hüftbreit auseinander; ca. 20 cm von der Wand entfernt. Lehnen Sie sich an die Wand.*
- *Neigen Sie Ihren Kopf nach vorn. Beugen Sie Ihren Oberkörper nach vorn, und hängen Sie Ihren Rumpf langsam Wirbel um Wirbel nach unten, während Sie ausatmen und sich ganz der Schwerkraft ergeben, bis die Hände den Boden berühren. Atmen Sie ein.*
- *Atmen Sie aus, und verlagern Sie das Gewicht in die Füße. Nun richten Sie Wirbel um Wirbel wieder auf, bis Sie in Ausgangsposition sind. Atmen Sie ein, während Sie immer noch an der Wand anlehnen.*
- *Ruhen und nachatmen: Siehe Kapitel »Atemtechnik im Alltag«, Seite 35.*

> **➲ Das Wichtigste in Kürze**
>
> Kontrollieren Sie Ihre Haltung immer wieder bei der Arbeit und in der Freizeit, auch vor dem Spiegel. Die richtige Haltung soll zur Gewohnheit werden. Pflegen Sie auch Ihre innere Haltung.

Die falsche Haltung

Die falsche Haltung (Bild 37) führt zu Verspannungen im Nacken, was den freien Fluß der Nervenimpulse und deren

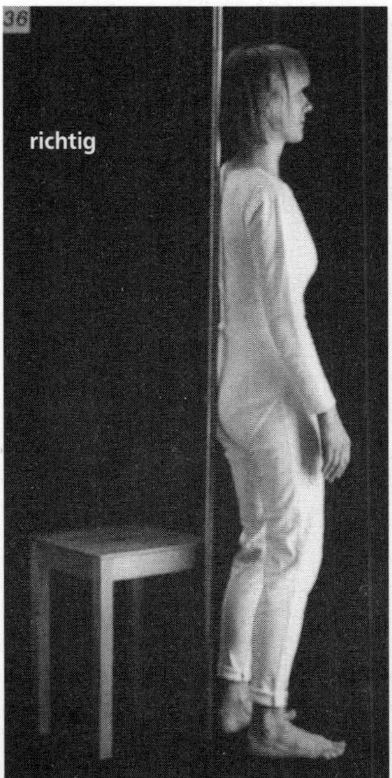

Rückmeldungen behindert. Auch der Schultergürtel ist verkrampft, hochgezogen und nach vorne geneigt. Bei eingesunkener Brust kann sich der Brustkorb nur ungenügend dehnen, entsprechend eingeengt ist die Atmung in der Körpermitte. Die Verdauungsorgane werden auf Herz und Lunge gepreßt. Der gegen außen gewölbte Bauch führt zu einer schlaffen Bauchmuskulatur und zu einem Hohlkreuz. Die Unterleibsorgane knicken ein, und die Organe ganz allgemein sind in ihrer Funktion beeinträchtigt.

Die Bewegung an der frischen Luft

Die heilsame Wirkung körperlicher Bewegung an der frischen Luft wird in der heutigen Zeit oft unterschätzt oder gar nicht ernst genommen, da sie allzu simpel erscheint und nichts kostet. Erst wenn die Tage kühler und kürzer werden und die Grippewelle grassiert, denken wir wehmütig an die erfrischenden Tage bei geöffnetem Fenster oder in der freien Natur zurück.

Lüften Sie täglich alle Räume kurz, dafür mehrmals. Im Winter ist dies um so wichtiger, weil wir sowieso unter einem Sauerstoffmangel leiden, wenn wir nicht jeden Tag ins Freie gehen. Sauerstoffreiche Luft ist rascher warm als sauerstoffarme.

Wenn Sie eine Arbeit so sehr ermüdet, daß Ihre Glieder schwer werden und Ihre Atmung abflacht, so ist dies ein deutliches Zeichen, daß Körper und Seele tüchtig durchgelüftet werden müssen. Gleiches tritt ein, wenn man von einer Arbeit so stark gefordert wird, daß man dabei zu atmen vergißt.

Am raschesten ist ein Sauerstoffmangel kompensiert, wenn man sich ruhig und entspannt an der frischen Luft bewegt. Für gutes Durchatmen ist eine Steigung im Gelände ideal. Lassen Sie sich von vermeintlich schlechtem Wetter nicht abhalten, an die frische Luft zu gehen, denn unser Körper muß gerade an Regen- und Nebeltagen auftanken können.

Der tägliche Spaziergang glättet auch eine zerknitterte Seele und bringt depressive Gedanken zum Verschwinden. Wir gewinnen Distanz zum Alltag und können die Arbeit wieder gestärkt aufnehmen. Ohne Bewegung kein Leben. Wer sich nicht bewegt, dessen Blut dickt ein, der Blutfluß stockt, und der ganze Organismus wird gelähmt. Was gibt es Erholsameres, als sich in der freien Natur zu bewegen und ihre Schönheiten zu genießen?

➲ Das Wichtigste in Kürze

Wir brauchen den Sauerstoff zum Leben und zum Regenerieren. Tanken Sie täglich auf, indem Sie sich an der frischen Luft bewegen und dabei Atmung und Kreislauf in Schwung bringen!

Wohn-, Schlaf- und Arbeitsräume sollten kurz, dafür mehrmals täglich gelüftet werden.

Man ist, was man ißt

Ein guter Energiestoffwechsel (Kapitel »Atmung ist Leben«) hängt neben einer guten Sauerstoffversorgung auch von der Qualität der Nährstoffe ab, welche wir mit der Nahrung zuführen. Die Nahrung sollte bezüglich Menge und Zusammenstellung auf unseren Körper und unsere Lebenssituation abgestimmt sein. Nehmen Sie nur das, was Ihnen guttut, und meiden Sie Extreme. Achten Sie auf eine leichte, fettarme und ausgewogene Ernährung mit viel Frisch-, Saison- und Vollwertprodukten. Verwenden Sie frische Küchenkräuter und frische Gewürze. Die Aromastoffe beleben die Atemwege und die Lunge. Zu empfehlen sind Thymian, Rosmarin, Salbei, Meerrettich und Fenchelsamen. Essen Sie nie in Hast oder gespannter Atmosphäre. Kauen Sie die Speisen gut, damit diese den Verdauungstrakt nicht unnötig belasten. Wer kennt nicht das Müdigkeitsgefühl nach einem üppigen Essen, das uns aller für den Verdauungsprozeß notwendiger Energien beraubt? Es kann auch vorkommen, daß Sie am Morgen gut ausgeruht aufstehen und nach dem Frühstück bereits wieder müde sind. Dies sind deutliche Anzeichen, die Ernährung zu hinterfragen. Auch hier kommt das Gesetz der Einfachheit zum Zuge. Zuviel verschiedene Nahrungsmittel auf einmal erschweren die Verdauung. Auch säurebildende Nahrungsmittel, z.B. raffinierter Zucker, Fleisch, Alkohol und Nikotin, belasten unseren Organismus unnötig und verschlacken ihn.

Viel trinken – aber richtig

Wer Energie- und Atemprobleme hat, sollte kohlensäurehaltige Getränke meiden, da unser Körper ohnehin permanent damit beschäftigt ist, sich von den belastenden Kohlensäure- und Schlackenstoffen zu befreien.

Trinken Sie häufig, jedoch nie große Mengen und immer nur schluckweise. So wie gutes Kauen fester Nahrung die Verdauungsprozesse unterstützt, sollte auch die Flüssigkeit noch einmal im Gaumen »gedreht« werden, bevor sie hinuntergeschluckt wird. Dies mag sonderbar anmuten. Aber es hilft, den Speichelhaushalt im Mund, in den unteren Atemwegen und im ganzen Verdauungstrakt im Gleichgewicht zu halten. Trinken Sie deshalb nur vor oder nach dem Essen.

Ideale Getränke sind stille Mineralwässer (ohne Kohlensäure) und Tee. Dabei kann der richtige Tee das Wohlbefinden fördern (Kapitel »Kräutertees und ihre Anwendung«). Schluckweises Trinken von Wasser, über den ganzen Tag verteilt, macht fit, konzentrationsfähig und gesund. Ein altbewährtes Mittel bei asthmatischen und bronchialen Leiden ist roter Holundersaft. Bei Verdauungsbeschwerden hilft eine Tasse Verdauungstee oder ein Glas lauwarmes Wasser auf nüchteren Magen.

Energiegewinn dank festem Rhythmus

Rhythmen wie Jahreszeit, Tag, Nacht, Essens- und Schlafzeiten werden von unserem Drüsensystem registriert und gespeichert.

Die heutige Zeit mit ihren häufigen klima- und lebenssituationsbedingten Wechseln stellt diesbezüglich große Anforderungen: Jeder Rhythmuswechsel ist für unseren Organismus mit einem Zeit- und Energieaufwand verbunden. Halten Sie darum Schlaf- und Essenszeiten und andere Fixpunkte nach Möglichkeit ein. Ihr Körper wird Ihnen dankbar sein.

- *Die Drüsen können Sie in ihrer Arbeit unterstützen, wenn Sie bei gelockertem und gelöstem Körper stimmhafte, vibrierende, aufrüttelnde Übungen machen (Seite 53, Übung 11).*

Atemübungen im Alltag

Aufbauprogramm für den ganzen Körper (morgens)

Das Übungsprogramm ist ganzheitlich aufgebaut. Die von körperlichen Verspannungen und von seelisch bedingten Blockierungen häufig betroffenen Bezirke können mit diesen Übungen systematisch gelockert und gelöst werden. Arbeiten Sie das Programm in Etappen durch, bis Sie jede einzelne Übung beherrschen und erleben, worauf es ankommt. Vertrauen Sie den Übungen. Und denken Sie daran, auch hier führt der Weg zum Ziel.

Übung	Behandlungsziel	Seite
Der Atmung auf die Beine helfen	Atmung anbahnen, rhythmisieren	69 ff.
Rückenschonend aufstehen	Rücken	73 ff.
Morgentoilette für die Haltung	Schultern, Nacken, Rücken, Arme	79 ff.
Füße wachtreten	Füße und Beine, Bein-, Hüft- und Haltemuskeln	83 f.
Körpermitte aufwecken	Rumpf, innere Organe, Arme	85 ff.
Morgenstund hat Gold im Mund	ganzer Körper, Rücken	91 f.
Die Lebensgeister aufwecken	Rücken, Wirbelsäule Durchgängigkeit	92 ff.

Übung	Behandlungsziel	Seite
Atmung und Bewegung im freien Fluß	ganzer Körper	95 ff.
Atmung und Bewegung als Dauerübung	ganzer Körper	98 f.

Der Atmung auf die Beine helfen

Unsere Atmung braucht Zeit, um vom Schlaf- auf den Wachrhythmus umzustellen. Mehr darüber lesen Sie im Kapitel »Praktische Ratschläge«, Seite 130, »Aufstehen – leichtgemacht«.

Mit den nachfolgenden Übungen, welche noch im Bett liegend gemacht werden können, wird Ihre Atmung schrittweise auf den Tag vorbereitet.

Übung 1

- *Sie liegen auf dem Rücken. Ihre Hände ruhen auf dem Bauch (siehe »Atemtechnik im Alltag«, Seite 34, Bild 12).*
- *Atmen Sie mit einem weichen Stimmlaut aus, und lassen Sie diesen in die Atempause verströmen. Spüren Sie dabei, wie die Bauchdecke einsinkt. Entspannen Sie, bis sich das natürliche Bedürfnis zum Einatmen von selbst einstellt.*

Übung 2 – Bild 38

- *Sie liegen auf dem Rücken.*
- *Winkeln Sie das linke Bein an.*
- *Strecken Sie den rechten Arm nach oben. Der linke Arm ruht neben dem Körper.*
- *Beim Ausatmen geben Sie links Fußdruck, während Sie den rechten Arm kräftig nach oben und den linken Arm kräftig nach unten dehnen. Spüren Sie, wie Arme, Kreuz und Rücken angenehm auf dem Boden liegen?*

38

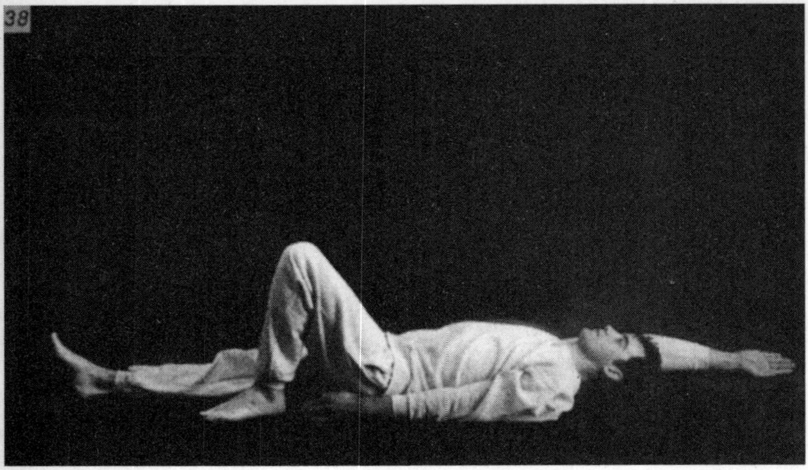

- *Atmen Sie in dieser Dehnstellung ein, und lösen Sie die Spannung mit einem sanften Stöhnen.*
- *Lassen Sie den nach oben gestreckten Arm etwas zur Seite gleiten, damit Ellbogen und Unterarm bequem aufliegen.*

Übung 3 – Bild 38

- *Nehmen Sie die Ausgangsstellung wie zu Bild 38 beschrieben ein.*
- *Atmen Sie mit Stimmlaut aus, und bewegen Sie gleichzeitig den rechten Arm gestreckt nach unten und den linken Arm gestreckt nach oben. Lösen Sie die Spannung, und atmen Sie ein.*

Übung 4 – Bild 38

- *Nehmen Sie die Ausgangsstellung wie zu Bild 38 beschrieben ein.*
- *Atmen Sie mit Stimmlaut aus, und bewegen Sie die gestreckten Arme viermal in die Gegenrichtung (nach unten und oben).*
- *Lösen Sie in der Ausgangsstellung die Spannung, und atmen Sie stöhnend aus.*

Übung 5 – Bild 38

- *Machen Sie die Übungen 2 bis 4, wobei Sie die Anzahl Bewegungen auf 6, 8, 10, 12 und 14 steigern und gleichzeitig das Tempo erhöhen. Teilen Sie Ihre Atmung gut ein. Das Ausatmen sollte trotz höherer Anforderung immer weich und drucklos sein. Hören Sie auf Ihre Ausatmung, und geben Sie Ihrer Einatmung bewußt Raum.*

Übung 6 – Bild 38

- *Machen Sie die Übungen 2 bis 5, jedoch mit Seitenwechsel (rechtes Bein angewinkelt, linker Arm nach oben gestreckt).*
- *Ruhen und nachatmen: Kapitel »Atemtechnik im Alltag«, Seite 32 ff.*

Wichtig: Grundsätzlich kann jede Übung zuerst langsam ausgeführt und allmählich gesteigert werden, sowohl bezüglich Anzahl Bewegungen wie Tempo. Sie werden feststellen, wie viel beweglicher sie werden, und allmählich auch anspruchsvollere Bewegungsrhythmen problemlos umsetzen können.

Übung 7 – Bild 39

- *Legen Sie sich auf den Rücken.*

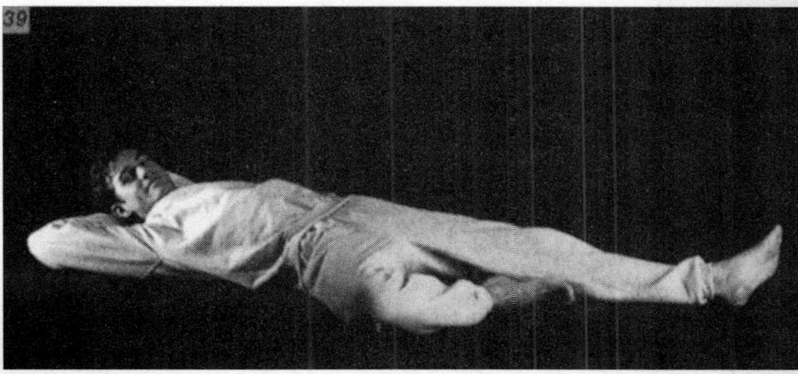

- *Verschränken Sie die Arme im Nacken, und spreizen Sie die Beine hüftbreit.*
- *Beim Ausatmen winkeln Sie das rechte Bein seitlich an, indem Sie den Fuß auf der Unterlage in Richtung Knie führen. Machen Sie die gleiche Bewegung mit dem linken Bein.*
- *Zuerst das rechte Bein, dann das linke Bein wieder in Ausgangsposition bringen und einatmen.*

Übung 8 – Bild 39

- *Machen Sie die Übung 7, und begleiten Sie die Beinbewegungen mit lautem Zählen.*

Übung 9 – Bild 39

- *Machen Sie die Übung 7, ohne beim Einatmen eine Pause einzulegen, d. h.: 4 Beinbewegungen machen und während der 5. und 6. Beinübung einatmen... und gleich weiterbewegen.*

Übung 10 – Bild 39

- *Machen Sie die Übung 9, jedoch von 4 Beinbewegungen erhöhen Sie auf 6, 8 und 10 Bewegungen. Atmen Sie nach jeder Sequenz 2 Beinbewegungen lang ein.*
- *Ruhen und nachatmen: Kapitel »Atemtechnik im Alltag«, Seite 32 ff.*

Wichtig: Achten Sie darauf, daß Ihre Atmung trotz ständiger Bewegung im freien Fluß bleibt und die Beine locker bewegt werden können. Dies ist eine ideale Übung, um Atmung und Bewegung auch im Alltag zu harmonisieren. So vermeiden Sie, daß Sie die Atmung schon bei der kleinsten Anstrengung ungewollt anhalten.

Rückenschonend aufstehen

Der gute Vorsatz, bei all unseren Aktivitäten an unseren Rücken zu denken, sollte schon beim morgendlichen Aufstehen in die Tat umgesetzt werden. Ruckartiges Aufstehen ohne Halt strapaziert Rücken und Kreuz unnötig und versetzt der Wirbelsäule Schläge. Wie es richtig gemacht wird, erfahren Sie in den nachfolgenden Übungen.

Übung 1 – Bild 40 bis 45

Bei Rückenbeschwerden aus dem Bett steigen

- *Sie liegen auf dem Rücken, zirka eine Körperbreite von jenem Bettrand entfernt, bei dem Sie aufstehen wollen.*
- *Atmen Sie aus, und winkeln Sie gleichzeitig ein Bein nach dem andern an.*
- *Drehen Sie sich langsam in Seitenlage. Beginnen Sie mit den Beinen, und ziehen Sie den Oberkörper nach. Winkeln Sie den unteren Arm an.*
- *Legen Sie die Hand des oberen Arms oberhalb der unteren Hand auf das Bett. Die Arme sind nun gekreuzt. Mit Handdruck schieben Sie sich in Sitzlage. Winkeln Sie beide Beine an, und atmen Sie ein.*
- *Während Sie ausatmen, stützen Sie beide Hände seitlich ab und drehen die Beine Richtung Bettrand. Nun ein Bein nach dem andern auf den Boden stellen.*
- *Geben Sie Fußdruck, und stützen Sie die Hände auf dem Bettrand ab, um aufzustehen. Atmen Sie durch die schmal gestellte Nase ein (Kapitel »Atemtechnik im Alltag«, Seite 35; Bild 14).*

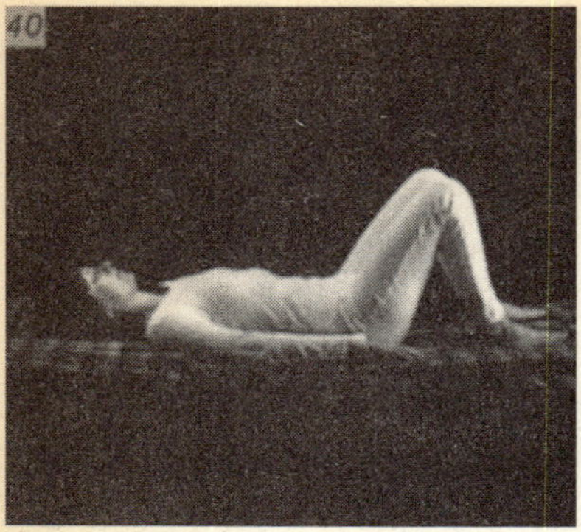
40

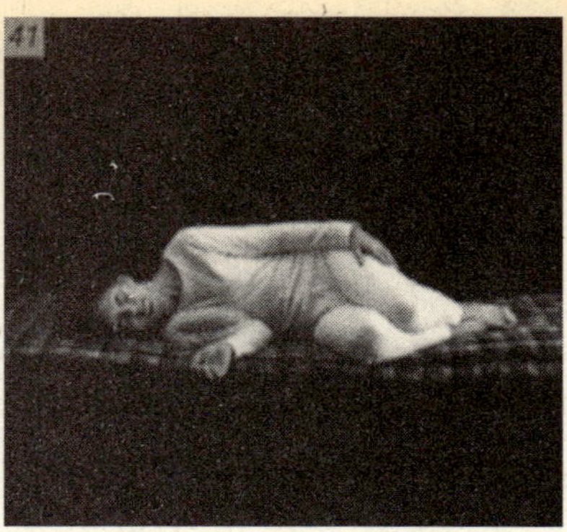
41

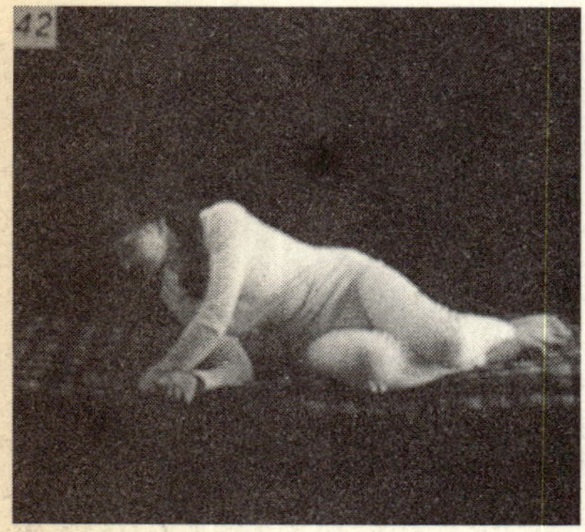
42

43

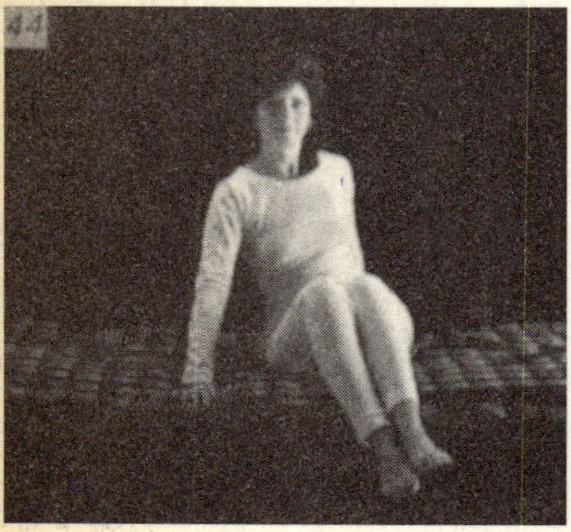
44

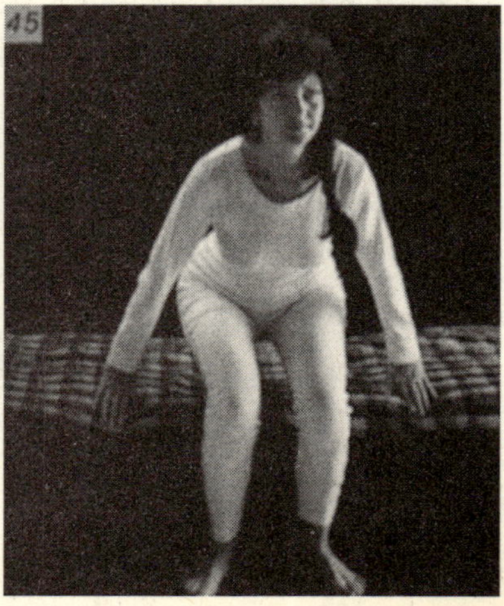
45

Übung 2 – Bild 46 bis 49

Bei gesundem Rücken aus dem Bett steigen

- *Sie liegen auf dem Rücken, zirka eine Körperbreite von jenem Bettrand entfernt, bei dem Sie aufstehen wollen.*
- *Atmen Sie aus, und winkeln Sie ein Bein nach dem anderen an, ohne die Füße von der Unterlage zu nehmen.*
- *Fassen Sie beide Beine unterhalb der Knie, und ziehen Sie sie an den Körper, um nachher mit einer Bewegung nach vorn ins Sitzen zu kommen. Atmen Sie ein.*

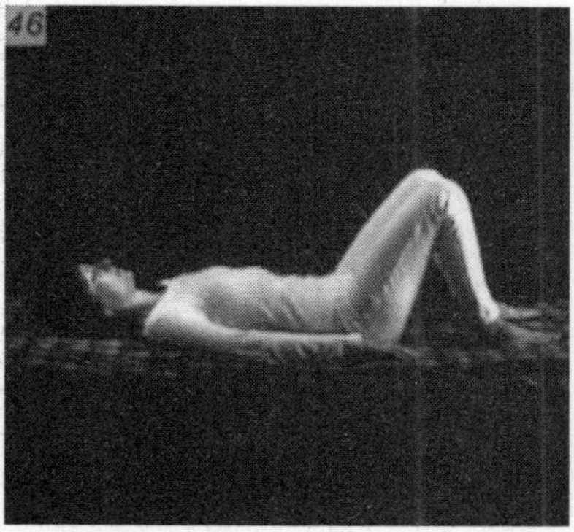

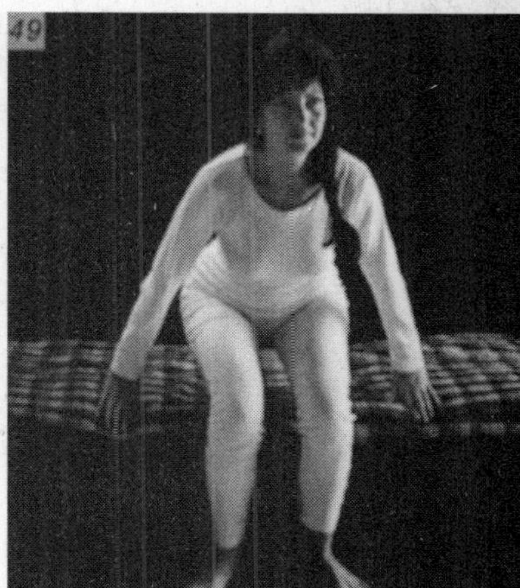

- *Während Sie ausatmen, stützen Sie beide Hände seitlich ab und drehen die Beine Richtung Bettrand. Nun ein Bein nach dem andern auf den Boden stellen.*
- *Geben Sie Fußdruck, und stützen Sie die Hände auf dem Bettrand ab, um aufzustehen.*
- *Atmen Sie durch die schmal gestellte Nase ein (Kapitel »Atemtechnik im Alltag«, Seite 35, Bild 14).*

Übung 3 – Bild 50 bis 54

Das Aufstehen vom Boden bei Rückenbeschwerden

- *Atmen Sie aus. Winkeln Sie ein Bein nach dem andern an, ohne die Füße von der Unterlage zu nehmen.*
- *Drehen Sie sich langsam in Seitenlage. Beginnen Sie mit den Beinen, und ziehen Sie den Oberkörper nach. Winkeln Sie den unteren Arm an.*
- *Legen Sie die Hand des oberen Arms oberhalb der unteren Hand auf den Boden. Mit Handdruck schieben Sie sich auf die Knie. Atmen Sie ein.*
- *Stellen Sie ein Bein auf, und legen Sie beide Hände auf den Oberschenkel. Verlagern Sie beim Ausatmen das Gewicht in Hände und Arme und in das aufgestellte Bein, um sich so in die stehende Haltung zu schieben.*
- *Atmen Sie durch die schmal gestellte Nase ein (Kapitel »Atemtechnik im Alltag«, Seite 35, Bild 14).*

50

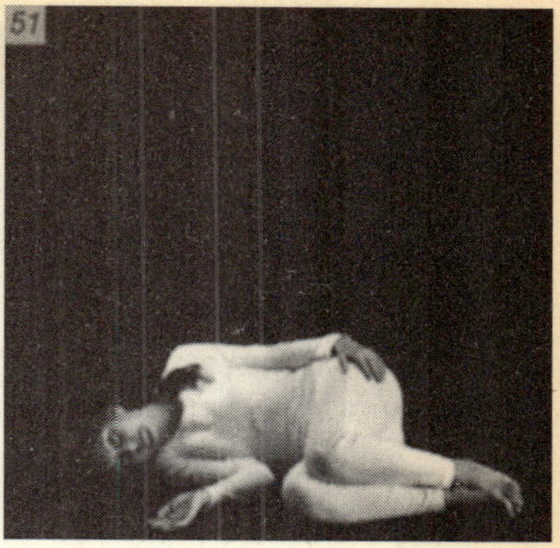
51

52

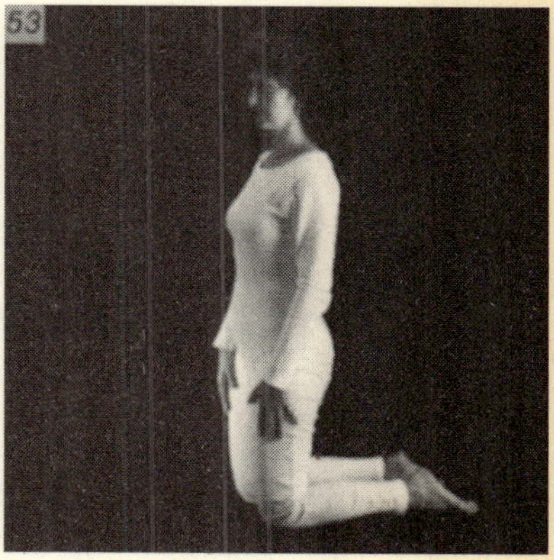
53

54

55

56

57

58

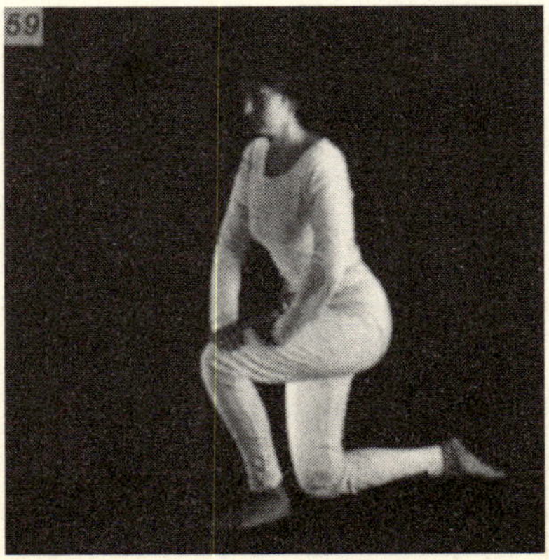
59

Übung 4 – Bild 55 bis 59

Das Aufstehen vom Boden bei gesundem Rücken

- *Atmen Sie aus, und winkeln Sie ein Bein nach dem andern an, ohne die Füße von der Unterlage zu nehmen.*
- *Fassen Sie beide Beine unterhalb des Knies, und ziehen Sie sie an den Körper, um nachher mit einer Bewegung nach vorn ins Sitzen zu kommen. Atmen Sie ein.*
- *Beim Ausatmen legen Sie die angewinkelten Beine auf die rechte Seite. Stützen Sie beide Arme auf dem Boden ab, um mit einer Bewegung nach vorn auf die Knie zu kommen. Einatmen.*
- *Stellen Sie ein Bein auf, und legen Sie beide Hände auf den Oberschenkel. Verlagern Sie beim Ausatmen das Gewicht in Hände und Arme und in das aufgestellte Bein, um so in die stehende Haltung zu kommen.*
- *Atmen Sie durch die schmal gestellte Nase ein (Kapitel »Atemtechnik im Alltag«, Seite 35, Bild 14).*

Übung 5

- *Wichtig: Wenn es Ihnen Mühe bereitet, vom Liegen aufzusitzen, dann behandeln Sie Ihr Kreuz wie in Kapitel »Die Grundlagen einer optimalen Atmung«, Seite 39 f., Übungen 3 und 4, Bild 16, beschrieben.*
- *Fassen Sie jetzt beide Beine unterhalb der Knie, und ziehen Sie die Beine an den Körper. Runden Sie Ihr Kreuz, indem Sie zwei- bis dreimal nach vorn und hinten schaukeln. Stoßen Sie nun die Knie weg, um in die sitzende Lage zu kommen.*

Morgentoilette für die Haltung

Damit unsere Atmung von der guten Körperhaltung (Seite 59) profitieren kann, müssen wir uns diese immer wieder ins Bewußtsein rufen. Die folgenden Übungen werden sitzend auf dem Bettrand oder auf einem Hocker gemacht.

Übung 1

- *Sitzen Sie auf dem Bettrand oder auf einem Hocker. Der Schultergürtel muß beweglich sein und darf nicht auf dem Brustkorb lasten.*
- *Sitzen Sie fest auf dem Gesäß, und stützen Sie die Füße gut ab.*
- *Legen Sie beide Hände auf die Schultern.*
- *Kreisen Sie dreimal mit den Ellenbogen vorwärts, und singen Sie die Tonleiter von unten nach oben.*
- *Atmen Sie in der Ausgangsstellung wieder ein.*
- *Wichtig: Bei dieser aufrechten Haltung kann die Körpermitte frei atmen. Auch der Schultergürtel erhält viel Bewegungsfreiheit.*

Übung 2

- *Machen Sie Übung 1, aber kreisen Sie mit den Ellbogen rückwärts, und singen Sie die Tonleiter von oben nach unten.*
- *Ruhen und nachatmen im Kutschersitz: Siehe Kapitel »Die verschiedenen Atemphasen«, Seite 32.*

Die nachfolgende Übung unterstützt Nacken und Brustwirbelsäule in ihrer Haltung und verhindert das Einfallen des Brustkorbs.

Übung 3 – Bild 60

- *Sie sitzen auf dem Bettrand oder auf einem Hocker.*

- *Ziehen Sie Ihren Nacken lang, und neigen Sie Ihren Kopf leicht.*
- *Sitzen Sie fest auf dem Gesäß, und stützen Sie die Füße gut ab. Denken Sie auch an Ihre innere Haltung.*
- *Legen Sie Ihre Hände auf die Oberschenkel.*
- *Schieben Sie Ihr Kinn beim Ausatmen etwas nach vorn, während Sie den gestreckten Rücken nach vorne neigen.*
- *Neigen Sie Ihren Kopf leicht gegen den Brustkorb, und richten Sie sich beim Einatmen mit langem Nacken und Fußdruck wieder auf.*
- *Wichtig: Achten Sie darauf, daß Sie im Schultergürtel locker und frei bleiben und diesen nicht hochziehen.*

Übung 4 – Bild 61

- *Sie stehen fest auf Ihren Füßen. Die Beine sind leicht breit gestellt. Der Nacken ist langgezogen.*

- *Fassen Sie die Hände bei festem Fußdruck, und strecken Sie die Arme beim Ausatmen in die Höhe. Federn Sie die Arme dreimal nach hinten.*
- *Senken Sie die Arme, und lösen Sie die Hände, während Sie einatmen.*

Übung 5 – Bild 60

- *Sie sitzen auf dem Bettrand oder auf einem Hocker.*
- *Ziehen Sie Ihren Nakken lang, und neigen Sie den Kopf leicht nach vorn.*

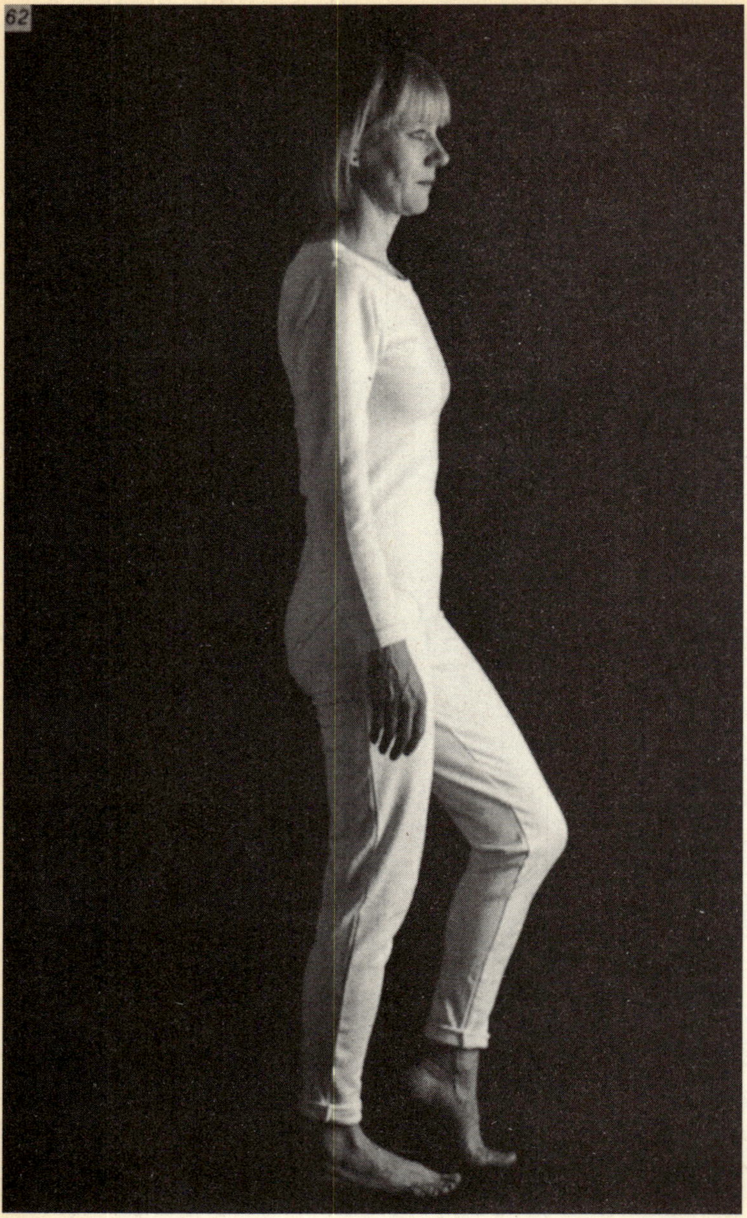

62

- *Sitzen Sie fest auf dem Gesäß, und belasten Sie die Füße gut.*
- *Fassen Sie die Hände, und strecken Sie die Arme beim Ausatmen in die Höhe. Federn Sie die Arme dreimal nach hinten.*
- *Senken Sie die Arme, und lösen Sie die Hände, während Sie einatmen.*
- *Wichtig: Geben Sie bei der Übung im oberen Rücken nach (Brustwirbelsäule) und nicht im Kreuz.*
- *Versuchen Sie das Haltungsspiel Fußdruck und Nackenzug bewußt wahrzunehmen.*
- *Ruhen und nachatmen: Siehe Kapitel »Die verschiedenen Atemphasen«, Seite 32.*

➲ In Kürze: Langer Nacken – langer Atem

Achten Sie auch während des Tages auf den »langen Nacken« und den lockeren, tiefgezogenen Schultergürtel. Eine Selbstmassage mit lockernden Kopfbewegungen (Kapitel »Die Grundlagen einer optimalen Atmung«, Seite 41) hält die Durchgängigkeit und die Beweglichkeit in diesen Zonen aufrecht und fördert sie.

Die Füße wachtreten

Wenn Sie Ihre Füße bewußt belasten, werden diese gut durchblutet und sensibilisiert. Von gesunden, robusten Füßen profitieren auch die Beine. Intensive und bewußte Fußarbeit hat eine reflektorische Wirkung, regt die inneren Organe an und trainiert das Gleichgewicht. Ideale Voraussetzungen also, den Tag schlag- und tatkräftig zu beginnen!

Übung 1 – Bild 62

- *Stellen Sie sich fest auf beide Füße.*
- *Stehen Sie beim Ausatmen langsam auf die Zehenspitzen.*
- *Rollen Sie einen Fuß ab. Stehen Sie wieder auf die Zehenspitzen, während Sie den anderen Fuß abrollen und einatmen.*

Übung 2 – Bild 62

- *Machen Sie Übung 1, aber atmen Sie drei Tretbewegungen lang aus und während der vierten Tretbewegung wieder ein.*

Übung 3 – Bild 62

- *Machen Sie Übung 1, aber steigern Sie auf 5, 7, und 9 Tretbewegungen, und atmen Sie immer während einer Bewegung kurz ein.*

Übung 4

- *Stützen Sie sich gut auf einem Bein ab, und schütteln Sie den anderen Fuß locker. Die gleiche Übung mit dem andern Fuß machen.*
- *Wichtig: Fühlen Sie sich beim Fußtreten in die Zehen hinein, in die Fußballen, in die Fußmitte und in die Fersen, indem Sie die Füße fest auf den Boden drücken und belasten. Dies ist für die Füße eine wohltuende Massage. Ihre Körpermitte bleibt dabei aufgerichtet, der Schultergürtel locker und tiefgezogen. Die Atmung fließt frei.*
- *Ruhen und nachatmen: Siehe Kapitel »Die verschiedenen Atemphasen«, Seite 33.*

Übung 5

- *Stehen Sie auf den Fußballen.*
- *Stützen Sie die Hände seitlich auf den Hüften ab. Stelzen Sie so in der Wohnung umher und singen oder summen Sie.*

Übung 6

- *Kombinieren Sie Übungen 1 bis 3 und 5 mit den Bronchialübungen 2 bis 7 (Seiten 49–53).*

➲ Das Wichtigste in Kürze

Die Füße stützen und tragen Sie. Pflegen Sie die Füße, und brauchen Sie sie bei jeder Gelegenheit.

Die Körpermitte aufwecken

Die mit dem Brustbein flexibel verbundenen Rippen müssen beweglich sein, damit die inneren Organe gut durchblutet werden und sich die Atmung voll entfalten kann. Spannungen beeinträchtigen das körperliche und seelische Wohlbefinden. Sorgen Sie täglich für eine gelockerte Körpermitte.

Übung 1 – Bild 63

- *Sie sitzen auf einem Hocker.*
- *Legen Sie die Hände so auf den Brustkorb, daß die Fingerkuppen zwischen die Rippen zu liegen kommen.*
- *Verschieben Sie das Gewebe sanft, und summen Sie dazu.*

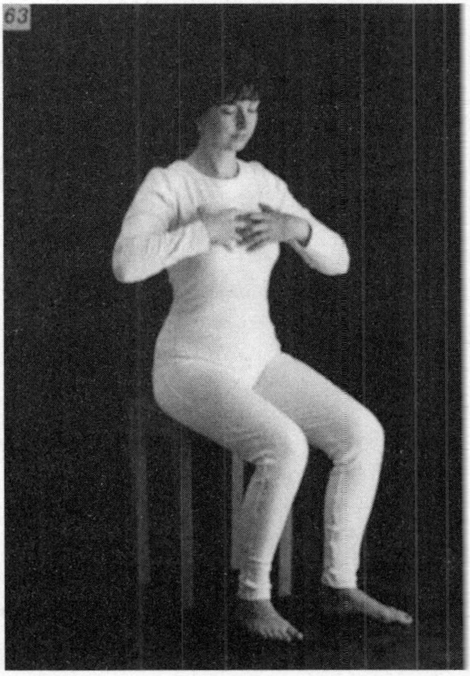

- *Behandeln Sie den ganzen Brustkorb.*
- *Wichtig: Erleben Sie das Öffnen der Körpermitte auch innerlich.*
- *Ruhen und nachatmen: Kapitel »Atemtechnik im Alltag«, Seite 32.*

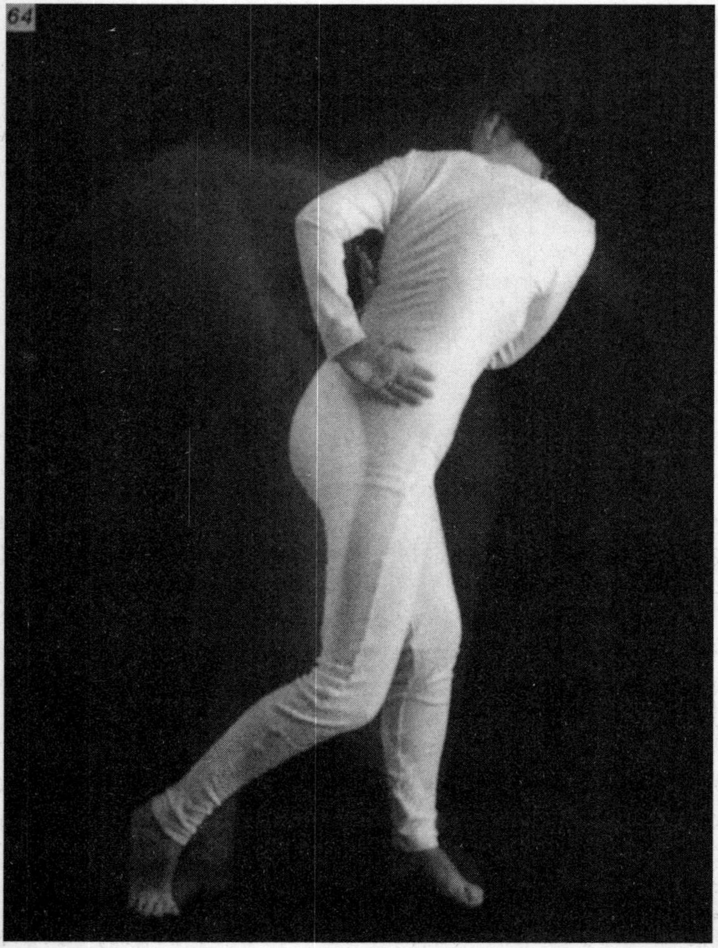

Übung 2 – Bild 64

- *Stellen Sie sich auf die Füße, die Beine leicht gespreizt.*
- *Schwingen Sie beide Arme einmal nach links (linkes Bein belasten) und einmal nach rechts (rechtes Bein belasten), und wecken Sie die Körpermitte mit Klopfschlägen. Summen Sie dazu in verschiedenen Tonlagen. Beim vierten Schwingen kurz einatmen.*
- *Wichtig: Durch die Belastung der Beine und Füße haben Rumpf und Schulter viel Bewegungsraum.*
- *Ruhen und nachatmen: Siehe Kapitel »Atemtechnik im Alltag«, Seite 33.*

Übung 3 – Bild 65 bis 67

- *Stellen Sie sich auf die Füße, die Beine leicht gespreizt.*
- *Beugen Sie sich beim Ausatmen nach vorn.*
- *Drehen Sie die Hände nach außen, während Sie die Ellbogen zusammenführen und auf die Magengegend federn.*
- *Drehen Sie die Hände nach außen, während Sie die Arme wie-*

65

66

67

der öffnen und schwungvoll über dem Kopf zusammenführen. Atmen Sie ein.

- *Wichtig: Spüren Sie die angenehme Dehnung in den Flanken und das damit verbundene tiefe Einatmen?*

Übung 4 – Bild 65 bis 67

- *Machen Sie die gleiche Übung, aber beklopfen Sie die Magengegend zuerst zweimal, dann dreimal.*
- *Wichtig: Wechselnde Atmungs- und Bewegungsrhythmen wecken die Körpermitte.*
- *Ruhen und nachatmen: Siehe Kapitel »Die verschiedenen Atemphasen«, Seite 33.*

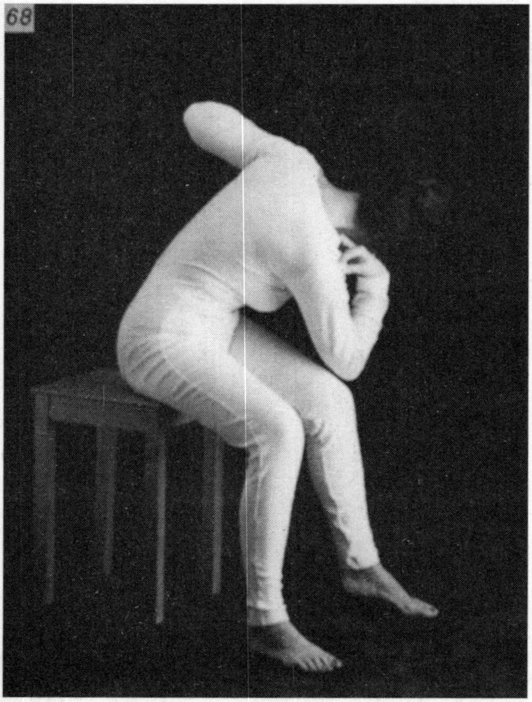

68

Übung 5 – Bild 68

- *Sie sitzen auf einem Hocker.*
- *Stützen Sie sich auf Ihren breitgestellten Beinen ab.*
- *Fassen Sie mit beiden Händen die Schultern. Arme und Oberkörper sollen eine Linie bilden.*
- *Während Sie ausatmen, führen Sie den rechten Ellbogen zum linken Knie. Rücken und Nacken bleiben dabei gerade.*
- *Mit Fußdruck richten Sie sich wieder auf und atmen ein.*

Übung 6 – Bild 68

- *Machen Sie Übung 5 mit dem linken Ellbogen.*

Übung 7 – Bild 68

- *Machen Sie Übung 5, jedoch abwechslungsweise dreimal auf jedes Knie »federn« und in der Ausgangsstellung wieder einatmen.*

Übung 8

- *Machen Sie Übungen 5 bis 7 im Stehen mit breitgestellten Beinen. Ruhen und nachatmen: Kapitel »Atemtechnik im Alltag«, Seite 33.*

Wichtig: Durch die drehenden Bewegungen werden die inneren Organe »massiert«, was zu einer guten Durchblutung führt und sie in ihren Funktionen unterstützt. Auch die Verdauung wird angeregt, und das vegetative System kann sich voll entfalten.

➲ Das Wichtigste in Kürze

Ihre Körpermitte muß sich jederzeit frei entfalten können. Kommen Sie diesem Bedürfnis nach, und halten Sie sich beweglich. Verzichten Sie auf einengende Kleider.

69

70

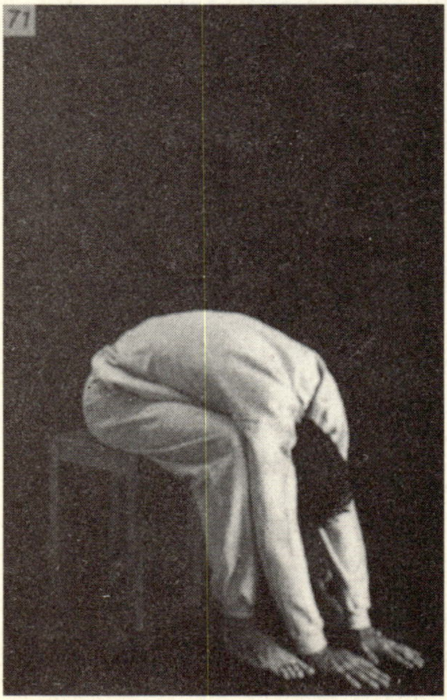
71

Morgenstund hat Gold im Mund

Profitieren Sie immer wieder von den eingeübten Atmungs- und Haltungsregeln. Bereits die Vorstellung der »inneren Aufrichtung« schafft die notwendigen Voraussetzungen, daß Ihre Atmung auch bei ungewohnter, anstrengender Körperhaltung fließen kann.

Übung 1 – Bild 69 bis 71

- *Setzen Sie sich auf den Bettrand oder auf einen Hocker.*
- *Stützen Sie sich gut auf den hüftbreit gestellten Beinen ab.*
- *Führen Sie beide Hände am Kopf entlang, bis die Arme gestreckt sind.*
- *Singen Sie »Mo-o-o-o-orgenstund...«, während Sie bei gestreckter Haltung und gestreckten Armen langsam Wirbel um Wirbel entlasten und den Oberkörper auf die Oberschenkel legen und mit den Händen den Boden berühren.*
- *Während Sie »...hat Gold im Mund« singen und Fußdruck geben, richten Sie den Oberkörper wieder auf. Atmen Sie ein.*
- *Wichtig: Rücken und Nacken bleiben beim Neigen langgestreckt, damit die Körpermitte ihre Weite behält und Sie frei atmen können. Die durch den Fußdruck ausgelöste Aufrichtung weitet das Kreuz und massiert sanft Wirbel um Wirbel.*

Übung 2 – Bild 69 bis 71

- *Bis Punkt 4 gleich wie Übung 1.*
- *Den Laut verklingen lassen. Nun atmen Sie ein und stöhnend wieder aus. Beim Ausatmen geben Sie dreimal kurz Fußdruck und heben den Oberkörper leicht an, um ihn gleich wieder fallen zu lassen und einzuatmen. Die Hände bleiben dabei auf dem Boden.*
- *Beim nächsten Ausatmen richten Sie sich mit Fußdruck langsam auf und atmen in der Ausgangsstellung wieder ein.*

- *Wichtig: Geben Sie sich beim Neigen des Oberkörpers ganz in den Zug der Schwerkraft, und geben Sie innerlich nach. Folgen Sie dem Weg der Atmung ins Kreuz- und Lendengebiet.*

Übung 3 – Bild 69 bis 71

- *Beine breit stellen.*
- *Machen Sie Übung 1, neigen Sie jedoch den Oberkörper abwechslungsweise auf den linken Oberschenkel, in die Körpermitte und auf den rechten Oberschenkel.*
- *Wichtig: Üben Sie, bis Atmung, Stimme und Bewegung harmonisch zusammenspielen und Ihr ganzer Körper in den Tönen mitschwingt.*
- *Ruhen und nachatmen: Kapitel »Atemtechnik im Alltag«, Seite 32.*

➲ Das Wichtigste in Kürze

Die Sie stets begleitende Vorstellung der »inneren Aufrichtung« hält Atmung und Bewegung auch im Alltag im Fluß.

Die Lebensgeister wecken

Ein gelöster Rücken kann seine Stützfunktion besser erfüllen und bietet ideale Voraussetzungen für den freien Fluß der Nervenimpulse, welche über das Rückenmark geleitet werden. Die Nervenimpulse steuern alle motorischen Bewegungsabläufe und erstatten gleichzeitig Rückmeldung. Sie informieren uns auch über das körperliche Befinden.

Da auch der Rücken für Verspannungen anfällig ist, sollten Sie die richtige Körperhaltung immer wieder üben.

Übung 1 – Bild 72

- *Setzen Sie sich auf eine Bodenmatte.*
- *Winkeln Sie die Beine an, und stützen Sie sich gut auf den Füßen und auf dem Gesäß ab.*
- *Fassen Sie beide Beine unterhalb der Knie.*
- *Geben Sie beim Ausatmen im Kreuz nach, indem Sie es nach außen drängen und leicht runden, um den ganzen Rücken, Wirbel um Wirbel, abzurollen.*
- *Stoßen Sie die Beine von sich, um mit Schwung wieder in die sitzende Stellung zu kommen.*
- *Machen Sie eine schmale Nase (Seite 26, Bild 8), und atmen Sie ein.*

72

Übung 2 – Bild 72

- *Machen Sie Übung 1, aber atmen Sie einmal aus, während Sie zweimal abrollen.*

Übung 3 – Bild 73

- *Setzen Sie sich auf eine Bodenmatte.*
- *Winkeln Sie die Beine an, und stützen Sie sich gut auf den Füßen und auf dem Gesäß ab.*
- *Rollen Sie beim Ausatmen Ihren Oberkörper ab, bis die Fußspitzen der gestreckten Beine den Boden berühren. Bleiben Sie in dieser Stellung, und atmen Sie bewußt in die Kreuz- und Lendengegend.*
- *Stoßen Sie beim Ausatmen die Beine von sich, um wieder in die sitzende Stellung zu kommen.*
- *Wichtig: Ihre Wirbelsäule sollte sich ohne Krafteinsatz abrollen lassen. Wenn dies nicht auf Anhieb gelingt, überfordern Sie sich nicht. Üben Sie täglich, bis Sie jeden Wirbel spüren und die Wirbelsäule locker abrollen können.*
- *Ruhen und nachatmen: Kapitel »Atemtechnik im Alltag«, Seite 33.*

73

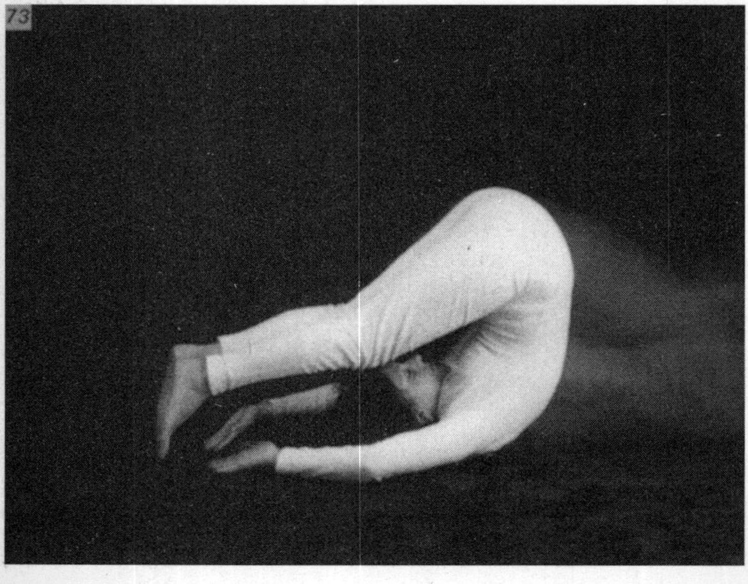

➲ Das Wichtigste in Kürze

Ein beweglicher Rücken weckt die Lebensgeister und macht mobil und reaktionsfähig.

Atmung und Bewegung im freien Fluß

Mit der folgenden Übung werden Sie erleben, wie Atmung und Bewegung rhythmisch und harmonisch zusammenspielen, wenn die Spielregeln der aufrechten Haltung befolgt und die Atempause eingehalten wird. Auch hier spielt das Gesetz der Polarität: Sie können sich nur frei bewegen, wenn Sie über den notwendigen Halt verfügen. Denken Sie daran, daß Ihr Handeln auch innerlich neue Kräfte aufbaut. Der ganze Organismus wird so allmählich gestärkt und profitiert von den besseren Spannungsverhältnissen.

Übung 1 – Bild 74

- *Setzen Sie sich auf einen Hocker.*
- *Stützen Sie sich gut auf den breit gestellten Beinen ab. Die Arme liegen auf den Oberschenkeln.*
- *Verlagern Sie beim Ausatmen die Kraft in den rechten Fuß, und spüren Sie, wie dieser Druck Ihr Gewicht nach links verlagert.*
- *Lösen Sie den Fußdruck, und atmen Sie ein.*

Übung 2 – Bild 74

- *Machen Sie Übung 1 mit dem linken Fuß.*

Übung 3 – Bild 74

- *Machen Sie die Übung abwechslungsweise mit dem linken und rechten Fuß, indem Sie während der ersten drei Bewegungen ausatmen und während der vierten einatmen.*
- *Wichtig: Nehmen Sie die Gewichtsverlagerung durch den Fußdruck bewußt wahr. Lassen Sie sich von diesem bewegen! Der Oberkörper bleibt dabei offen und aufgerichtet.*

Übung 4 – Bild 75

- *Setzen Sie sich auf einen Hocker.*
- *Stützen Sie sich gut auf den breit gestellten Beinen ab.*
- *Machen Sie mit den diagonal gestreckten Armen (linker Arm oben, rechter Arm unten) dehnende Bewegungen nach unten und oben. Atmen Sie aus, und lassen Sie die Bewegungen durch den ganzen Körper fließen, von den Zehenspitzen bis in die Fingerspitzen.*

Übung 5 – Bild 75

- *Machen Sie Übung 4, wobei der rechte Arm oben und der linke Arm unten ist.*

Übung 6 – Bild 75

- *Machen Sie die gleiche Übung, aber wechseln Sie die Armstellung jedesmal. Atmen Sie während der ersten drei Bewegungen aus und während der vierten ein.*
- *Wichtig: Geben Sie sich bewußt in den diagonalen Dehnungsfluß hinein. Lassen Sie sich von Ihren Füßen tragen, und fühlen Sie sich oben ganz leicht und frei.*

Übung 7 – Bild 76 und 77

- *Setzen Sie sich auf einen Hocker.*
- *Stützen Sie sich gut auf den breit gestellten Beinen ab.*
- *Strecken Sie beide Arme horizontal aus.*
- *Verlagern Sie Ihr Gewicht beim Ausatmen einmal nach rechts, einmal nach links.*

- *Verlagern Sie das Gewicht gut in die Füße, und schwingen Sie den ganzen Oberkörper mit gestreckten Armen, die Sie im Schwung kreuzen, nach unten.*
- *Gehen Sie gleich wieder hoch, indem Sie die Arme öffnen und Fußdruck geben. Kurz einatmen.*
- *Wichtig: Nutzen Sie Schwung und Schwerkraft beim Tiefschwingen. Geben Sie innerlich nach, und lassen Sie die verbrauchte Luft ganz ausströmen. Dadurch schaffen Sie Raum für die innere Entspannung und können ergiebig einatmen.*
- *Ruhen und nachatmen: Kapitel »Atemtechnik im Alltag«,* *Seite 32.*

Übung 8 bis 14

- *Machen Sie die Übungen 1 bis 7 im Stehen.*
- *Wichtig: Bauen Sie die Übungen auch im Stehen schrittweise aus. Sie werden bei den stehenden Übungen die Wirkung des Atmungs- und Bewegungsspieles noch bewußter erleben!*

➲ Das Wichtigste in Kürze

Durch rhythmisches und harmonisches Üben werden Ihre Atemimpulse, die innere Ordnung sowie die Hirntätigkeit von Mal zu Mal stärker gefördert. Sie werden innerlich stabiler, Sie sind gefaßter und konzentrierter und erhalten Mut und Kraft, den Alltag positiv zu gestalten.

Atmung und Bewegung als Dauerübung

Wenn Sie mit dem Aufbauprogramm praktisch vertraut sind, können Sie es als Dauerübung gestalten.

- *Steigern Sie die Dauer der Übungen schrittweise von einer bis zu drei Minuten, oder machen Sie die Übung so lange, wie At-*

mung und Bewegung im freien Fluß bleiben und Sie sich dabei wohl fühlen.

- *Wichtig: Atmen Sie immer mit Bewegungsbeginn aus, indem Sie sprechen, zählen, summen oder Ihr Atemgeräusch durch einen Stimmlaut hörbar machen.*
- *Kontrollieren Sie Ihren Atemfluß mit dem Gehör.*
- *Lassen Sie die Atempause und die innere Entspannung am Ende der Ausatmung jedesmal bewußt zu.*
- *Nehmen Sie nach einer Übung die entsprechende Ruhestellung ein, und atmen Sie nach.*

Aufatmen – Entspannen

Schließen Sie die Augen, und stellen Sie sich vor, daß Sie sich an Ihrem Lieblingsplatz in der freien Natur befinden. Schieben Sie Ihre Lippen vor, damit sich die Nase verschmälert und Sie so eine bessere Luftführung erhalten. Nun atmen Sie schnuppernd in kleinen Etappen ein – atmen auf – entspannen sich, indem Sie mit Ihrem vertrautesten Stimmlaut ausatmen. Wie fühlen Sie sich? Haben Sie wirklich aufgeatmet?

Wer wünscht sich das nicht: Einmal richtig aufatmen, entspannen, loslassen und alle Sorgen und Ängste über Bord werfen! Jedoch wie finden wir diese Entspannung, wenn Verpflichtungen, Termine und die gewohnte Hektik uns zu ständigem Handeln zwingen und wir diese Zwänge mit einem ausgefüllten Freizeitprogramm kompensieren müssen?

Eine gesunde Körperspannung unterstützt uns im täglichen Wirken. Wer sich jedoch ständig in Dauerspannung versetzt, treibt Raubbau an seinen Kräften. Leider macht sich dies oft erst im vorgerückten Alter bemerkbar, wenn sich Körper und Seele nicht mehr so einfach regenerieren lassen.

Andererseits wird Aufatmen und Entspannen oft mit bedingungslosem Nichtstun verwechselt. Das Gesetz der Polarität fordert wiederum einen gesunden Ausgleich: das natürliche Wechselspiel zwischen Spannung und Entspannung. Nur so bleiben Atmung und Bewegung beim Üben und im Alltag in harmonischer Balance. Dabei findet auch das Zwerchfell eine der Anstrengung angemessene Entspannung, welche sich auf den ganzen Organismus überträgt. Damit der Neuaufbau Ihrer Lebenskräfte sichergestellt ist, gelten darum folgende Regeln:

- So wie wir uns Gedanken über die schonende Verwendung der nicht ersetzbaren Rohstoffe machen, tragen wir auch die Verantwortung für den ökonomischen Einsatz unserer Körperkräfte.
- Leben Sie nach dem Gesetz der Polarität, vermeiden Sie Extreme wie »pausenlos angespanntes Tun« und »bedingungsloses Nichtstun«.
- Gestalten Sie Ihren Alltag vielseitig: Unterbrechen Sie Ihre Arbeit durch kurze, aber regelmäßige »schöpferische Pausen«, welche Sie für Bewegungswechsel, zum Aufatmen oder für Atemgymnastik nutzen. Verwöhnen Sie sich gelegentlich.
- Halten Sie Arbeits-, Mahlzeiten- und Schlafrhythmus möglichst ein; denn jede Abweichung braucht zusätzliche Kräfte (Seite 67).
- Tanken Sie Ihr Sauerstoffreservoir täglich auf, indem Sie sich an der frischen Luft bewegen (Seite 64).
- Sinken Sie nach einem anstrengenden oder langweiligen Tag nicht todmüde ins Bett. Wenn Sie Ihrem Körper nicht Zeit geben, neue Energien aufzubauen, besteht die Gefahr, daß Sie am Morgen müde und matt aufwachen.

Frei von den Lasten des Alltags

Befreien Sie sich spätestens am Abend aus Ihrem Alltagstrott. Nur so finden Körper und Seele die ersehnte Entspannung, und der Organismus bekommt die Möglichkeit, neue Lebensenergien aufzubauen.

- Beginnen Sie mit der Katzenstreckübung, um Ihren Körper zu lockern und zu lösen (Seite 16).
- Machen Sie eine Selbstdiagnose (Seite 41).
- Wählen Sie das Entspannungsprogramm, das Ihrer momentanen Verfassung am besten entspricht.

Entspannungsprogramme (abends)

Programm A

»Locker und gelöst geht alles viel leichter«

Psychische und physische Verfassung
- Sie sind pausenlos stark gefordert.
- Sie fühlen sich verspannt; Sie haben Mühe, sich zu konzentrieren und abzuschalten.
- Ihre Atmung ist nicht optimal.

Übungsziel
- Innere und äußere Widerstände abbauen und lösen, damit blockierte Kräfte wieder in Fluß kommen.

Programm B

»In der Ruhe liegt die Kraft«

Psychische und physische Verfassung
- Im Alltag sind Sie gezwungen, vom Hundertsten ins Tausendste zu gehen.
- Sie fühlen sich innerlich und äußerlich nervös, gereizt und unter Druck; Sie haben Mühe, sich zu konzentrieren und besonnen zu arbeiten.
- Ihre Atmung ist unregelmäßig.

Übungsziel
- Atmung und Körper beruhigen. Den normalen Rhythmus finden und erleben, wie sich dadurch die Kräfte neu ordnen und für Ihr Wohlbefinden arbeiten.

Programm C

»Neue Lebenskräfte dank Spannen und Lösen«

Psychische und physische Verfassung
- Der Alltag wächst Ihnen über den Kopf.

- Die Motivation fehlt. Sie fühlen sich depressiv und schwach. Es fehlt Ihnen der Mut und die Kraft. Sie zweifeln an Ihren Fähigkeiten, den Alltag zu meistern.
- Ihre Atmung ist oberflächlich und kaum spürbar.

Übungsziel
- Mit einfachen Übungen, welche nicht anstrengen, Atmung und Kreislauf beleben, damit Ihr Körper wieder neue Kräfte aufbauen kann.

Entspannungsprogramm A

»Locker und gelöst geht alles viel leichter«

Machen Sie diese Binsenwahrheit zu Ihrer Begleiterin durch das Übungsprogramm.

Übung 1 – Bild 78

- *Sie knien auf dem Boden und haben das Gewicht gleichmäßig auf Hände und Knie verteilt.*
- *Lassen Sie Ihren Kopf hängen, und schütteln Sie ihn sanft vi-*

78

brierend, während Sie den Atem summend verströmen lassen, bis die Atmung von selbst wieder einsetzt.

- *Wichtig: Nehmen Sie das Ziehen im Nacken wahr, und entspannen Sie sich innerlich.*

Übung 2 – Bild 79

- *Sie knien auf dem Boden.*
- *Atmen Sie mit einem Stimmlaut aus, und lassen Sie das Gewicht Ihrer Hüfte auf die Fersen fallen. Wippen Sie auf den Fersen dreimal nach.*
- *Schieben Sie sich durch Kniedruck wieder hoch, und atmen Sie ein.*
- *Wiederholen Sie diese Übung mehrmals.*

79

- *Wichtig: Nutzen Sie die Schwerkraft beim Tiefwippen, den Zug, der Ihr Kreuz- und Lendengebiet weitet, sowie den Kniedruck, welcher Sie von selbst wieder aufrichtet.*

Übung 3 – Bild 80

- *Sie knien auf dem Boden.*
- *Wiederholen Sie Übung 2, indem Sie die Knie breit stellen und das Gewicht der Hüfte abwechslungsweise je zweimal auf den rechten und linken Fuß wippen.*
- *Wichtig: Erleben Sie bewußt die Atempause, und lassen Sie die Bewegungsimpulse auf Ihre Körpermitte einwirken. Dadurch werden innere Widerstände gelöst.*

Übung 4

- *Sie knien auf dem Boden.*
- *Stützen Sie sich gut auf einem Knie und beiden Händen ab, während Sie das andere Bein horizontal nach hinten strecken und summend schütteln.*
- *Machen Sie die gleiche Übung mit dem andern Knie.*
- *Machen Sie die Übung einmal mit dem rechten Knie, einmal mit dem linken Knie.*
- *Ruhen und nachatmen: Siehe dazu Kapitel »Atemtechnik im Alltag«, Seite 34.*

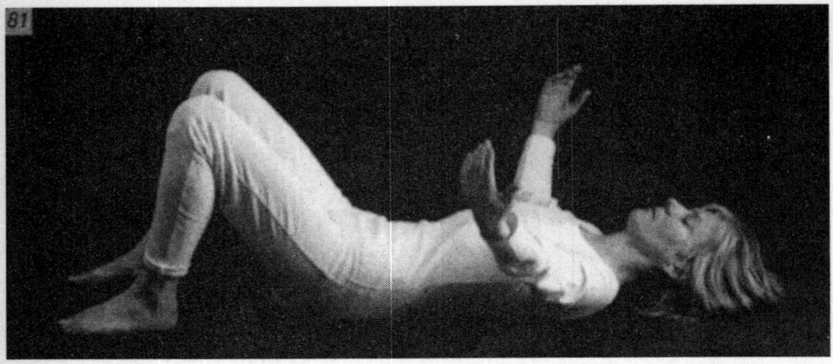

Übung 5 – Bild 81

- *Sie befinden sich in Rückenlage und haben die Beine hüftbreit an gewinkelt. Verschränken Sie die Arme auf der Brust.*
- *Blasen Sie Ihre Backen auf, und lassen Sie dann die Luft mit einem »Phuuuu« ausströmen, während Sie Ihre Arme seitwärts abgleiten lassen. Atmen Sie kurz ein und mit Stimmlaut gleich wieder aus.*

Übung 6 – Bild 81

- *Machen Sie Übung 5, aber steigern Sie pro Ausatmung auf 3 und 5 Armbewegungen.*
- *Wichtig: Lassen Sie sich vom Boden tragen. Spüren Sie, wie zuerst die Ober- und dann die Unterarme ganz schwer werden. Pflegen Sie die Atempause. Geben Sie innerlich nach, und versuchen Sie, sich von der Alltagslast zu befreien.*
- *Ruhen und nachatmen: Kapitel »Atemtechnik im Alltag«, Seite 33.*

Übung 7 – Bild 82

- *Sie befinden sich in Rückenlage und haben ein Bein angewinkelt.*

- *Beim Ausatmen winkeln Sie das gestreckte Bein an, ohne es von der Unterlage zu nehmen, und strecken es in die Höhe.*
- *Winkeln Sie das gestreckte Bein wieder an, und gehen Sie in die gestreckte Ausgangslage zurück, ohne den Fuß von der Unterlage zu nehmen. Atmen Sie ein, um gleich wieder gut hörbar auszuatmen.*
- *Wichtig: Der Fußdruck des angewinkelten Beins gibt Halt, so daß sich das andere Bein spielend bewegen läßt. Üben Sie mit möglichst kleinem Kraftaufwand und ohne Zwang. Lassen Sie beim Beugen und Gleitenlassen des Beines den Zug und die Schwerkraft für Sie arbeiten. Genießen Sie die Entspannung am Ende jeder Übung!*

Übung 8 – Bild 82

- *Machen Sie Übung 7 abwechslungsweise mit dem linken und dem rechten Bein.*

Übung 9 – Bild 82

- *Machen Sie Übung 7, aber erhöhen Sie die Beinbewegungen pro Ausatmung auf 2, später auf 3.*
- *Ruhen und nachatmen: Kapitel »Atemtechnik im Alltag«, Seite 33. Stellen Sie sich dabei vor, wie vorhandene Widerstände im ganzen Körper abgebaut werden und einem freien Atemfluß Platz machen, der Ihr Leistungsvermögen steigert.*

Entspannungsprogramm B

»In der Ruhe liegt die Kraft«

Lassen Sie sich von diesem Gedanken durch Ihr Übungsprogramm begleiten und kehren Sie dem Alltag den Rücken zu.

Übung 1 – Bild 83 bis 85

- *Sie liegen auf dem Boden in Seitenlage.*
- *Ziehen Sie die Beine gut an den Oberkörper. Die gestreckten Arme und die Knie berühren einander. Falten Sie die Hände, und neigen Sie den Kopf leicht nach vorn.*
- *Führen Sie den oberen Arm beim Ausatmen in einem weiten Bogen dem Boden entlang (der Arm soll nicht gehoben werden) nach hinten, und bleiben Sie in dieser Stellung, bis das Einatmen einsetzt.*
- *Wichtig: Je nach Training wird man den Arm am Anfang nur so weit führen können, wie dies Bild 84 zeigt. Mit dem Üben wird der Bogen langsam weiter. Die ideale Stellung ist aus Bild 85 ersichtlich.*
- *Während Sie mit einem Stimmlaut ausatmen, führen Sie den oberen Arm wieder zügig nach vorn, nach hinten, nach vorn und wieder nach hinten, um ihn dort zu belassen und einzuatmen.*
- *Machen Sie die Übung abwechslungsweise in linker und rechter Seitenlage.*

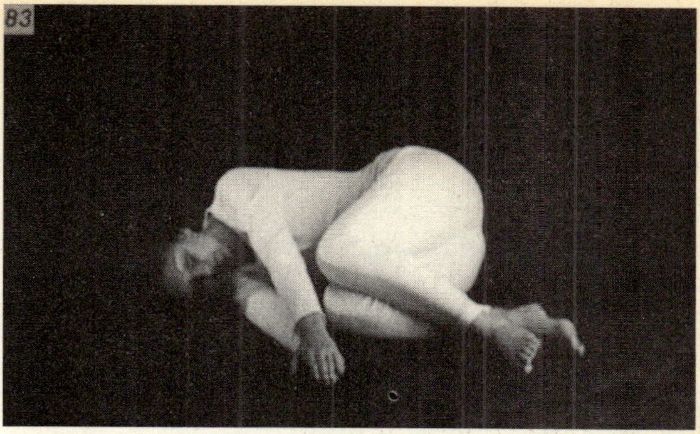
83

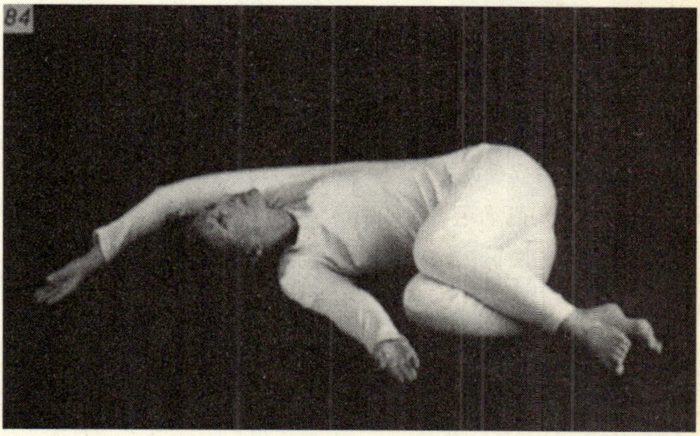
84

85

- *Wichtig: Lassen Sie sich von den beruhigenden, großzügigen Bewegungsimpulsen erfassen und dabei die Atmung frei fließen. Ergeben Sie sich dem passiven Dehnungszug, damit sich dieser von den Flanken bis in die Finger- beziehungsweise in die Fußspitzen ausbreiten kann. Nehmen Sie die Atemvertiefung in Ihrer Körpermitte jedesmal bewußt wahr. Schulen Sie Ihre Konzentration, indem Sie Atmung und Bewegung mit den Gedanken begleiten.*
- *Ruhen und nachatmen: Kapitel »Atemtechnik im Alltag«, Seite 33.*

Übung 2

- *Sie sitzen im Schneidersitz auf dem Boden.*
- *Schließen Sie ein Nasenloch mit Hilfe des Mittelfinger, und atmen Sie durch das andere aus.*
- *Schließen Sie das zweite Nasenloch, und atmen Sie durch das erste wieder ein.*
- *Machen Sie die gleiche Übung mit dem anderen Nasenloch.*
- *Wichtig: Nehmen Sie den beruhigenden Luftstrom wahr, und folgen Sie dem Weg der Atmung nach innen. Je besser Sie Ihre Kräfte sammeln und einsetzen, desto mehr neue Lebensenergie kann sich aufbauen.*

Übung 3 – Bild 86 und 87

- *Knien Sie auf den Boden, und setzen Sie sich auf die Fersen. Ihr Kopf ruht auf dem Boden.*
- *Atmen Sie aus, und gleiten Sie mit dem Oberkörper mit gestreckten Armen nach vorn, bis die Hüfte und die Knie eine Linie bilden. Die Stirn bleibt knapp über dem Boden.*
- *Lassen Sie den Oberkörper Richtung Boden federn, und kommen Sie mit Kniedruck auf die Fersen zurück.*
- *Richten Sie Wirbel um Wirbel auf.*
- *Atmen Sie durch die schmale Nase (Kapitel »Die verschiedenen Atemphasen«, Seite 26, Bild 8) ein.*

86

87

- *Wichtig: Geben Sie beim Vorwärtsgleiten und Tieffedern des Rumpfes in der Brustwirbelsäule und nicht im Kreuz nach. Dabei sollen Atmung und Bewegung fließend zusammenspielen, damit sich das Zwerchfell in die Tiefe bewegen kann, ähnlich einer Welle, welche tiefgeht, um neue Kräfte zu schöpfen!*
- *Ruhen und nachatmen: Kapitel »Atemtechnik im Alltag«, Seite 34.*

Übung 4 – Bild 88

- *Sie liegen auf dem Rücken.*
- *Legen Sie einen Unterschenkel auf den Stuhl, und strecken Sie das andere Bein.*
- *Ziehen Sie das gestreckte Bein beim Ausatmen an, und strecken Sie es in die Höhe.*

88

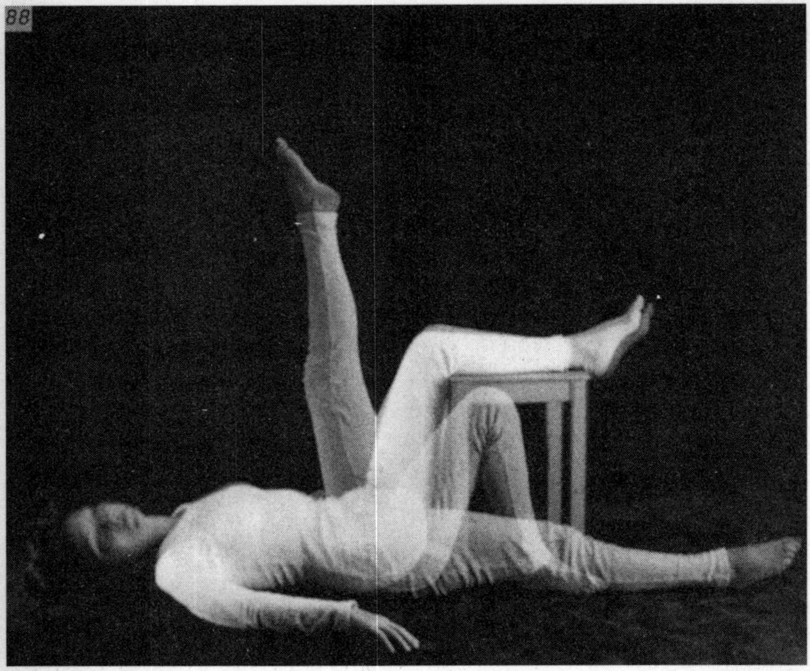

- *Senken Sie das Bein langsam in gestreckter Haltung, während Sie die Tonleiter auf »U« von oben nach unten singen. Legen Sie das Bein auf den Boden, und atmen Sie ein.*
- *Wechseln Sie die Seite.*
- *Wechseln Sie die Seite nach jeder Übung.*
- *Wichtig: Lassen Sie Ihre Stimme erklingen, und pflegen Sie die Atempause, damit Ihre Atmung jedesmal stark reagieren und dadurch neue Kräfte schöpfen kann.*
- *Ruhen und nachatmen: Kapitel »Atemtechnik im Alltag«, Seite 33.*

Übung 5

- *Legen Sie beide Unterschenkel auf den Stuhl.*
- *Atmen Sie weich und drucklos aus, und lassen Sie dabei die Bauchdecke einsinken.*
- *Drücken Sie beide Unterschenkel auf die Sitzfläche, bis sich Bein-, Gesäß- und Hüftmuskeln spannen, um so das Gesäß mit straffen Hüften in die »schräge Brücke« hochzuschieben. Atmen Sie ein.*
- *Senken Sie beim Ausatmen die Brücke langsam wieder.*
- *»Legen« Sie Wirbel um Wirbel auf der Unterlage ab, und atmen Sie ein.*
- *Wichtig: Durch die Umlagerung werden Bein- und Beckenraum entstaut und der venöse Rückfluß zum Herz gefördert. Der Kreislauf wird in seiner Funktion unterstützt und die Atmung wird tiefer.*
- *Ruhen und nachatmen: Kapitel »Atemtechnik im Alltag«, Seite 33. Entspannen Sie sich innerlich, und üben Sie die Ruheatmung. Stellen Sie sich vor, wie Ihr Organismus ruhig und aufbauend arbeitet und die Kräfte für Ihr Wohlbefinden neu sammelt.*

Entspannungsprogramm C

»Es ist die Spannkraft, welche uns neue Lebenskräfte schenkt«

Lassen Sie sich von dieser Weisheit durch Ihr Übungsprogramm begleiten.

Wenn Ihnen die Motivation für jede Art von Aktivität fehlt und Sie sich schwach und kraftlos fühlen, können Sie mit einfachen, nicht anstrengenden Übungen Atmung und Kreislauf beleben und damit den Stoffwechsel und die Energiebildung in allen Körperzellen aktivieren.

Übung 1 – Bild 89

- *Sie sitzen auf einem Hocker und haben die Beine hüftbreit auseinander gestellt.*
- *Sie stehen auf den Zehenspitzen und lassen die Füße gleich wieder auf den Boden fallen.*
- *Machen Sie die Übung drei Bewegungen lang, und pfeifen Sie dazu »staccato«, während der vierten Bewegung atmen Sie ein.*

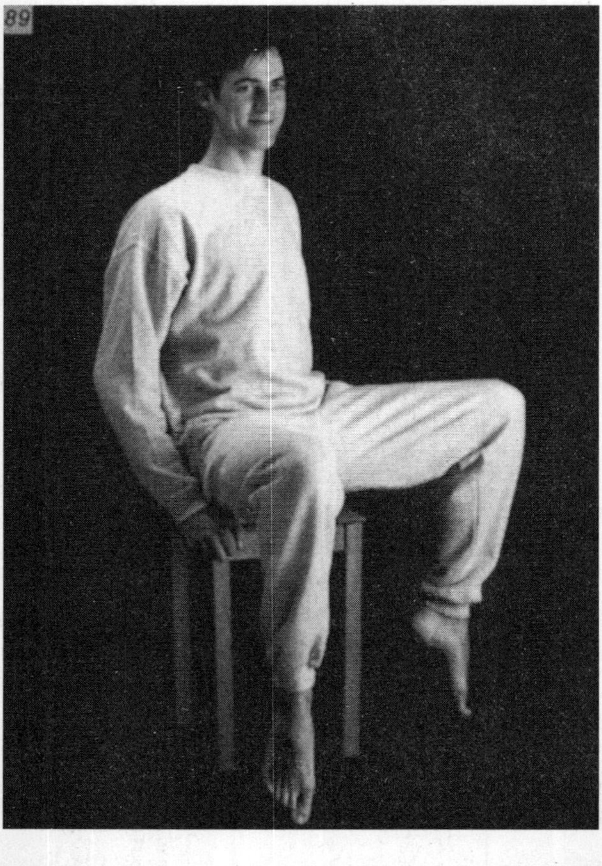

- *Wichtig: Lassen Sie bei dieser Übung die Füße richtig auf den Boden fallen, damit auch die Beine erschüttert werden.*

Übung 2 – Bild 89

- *Machen Sie Übung 1, aber erhöhen Sie auf fünf und sieben Bewegungen. Während der sechsten respektive achten Bewegung atmen Sie kurz ein.*

Übung 3 – Bild 89

- *Machen Sie Übungen 1 und 2, jedoch drehen Sie die Füße nach außen, während Sie auf den Zehenspitzen stehen. Kehren Sie wieder in die Ausgangslage zurück, und lassen Sie die Füße auf den Boden fallen.*
- *Ruhen und nachatmen: Siehe dazu Kapitel »Atemtechnik im Alltag«, Seite 32.*

Übung 4 – Bild 90 und 91

- *Sie sitzen auf einem Hocker und haben die Beine hüftbreit auseinander gestellt.*
- *Strecken Sie beim Ausatmen ein Bein nach vorn, und stellen Sie den Fuß auf die Ferse. Stehen Sie auf den Zehenspitzen, während Sie das Fußgelenk strecken.*
- *Üben Sie im Rhythmus, einmal Fersen, einmal Fußspitzen, und singen Sie dazu: »Im Frühtau zu Berge, wir gehn, fallera...«, kurz einatmen, »...es grünen die Berge, die Höh'n, fallera«, kurz einatmen usw.*

Übung 5 – Bild 90 und 91

- *Machen Sie Übung 4, aber im Wechsel, einmal rechter Fuß, einmal linker Fuß.*

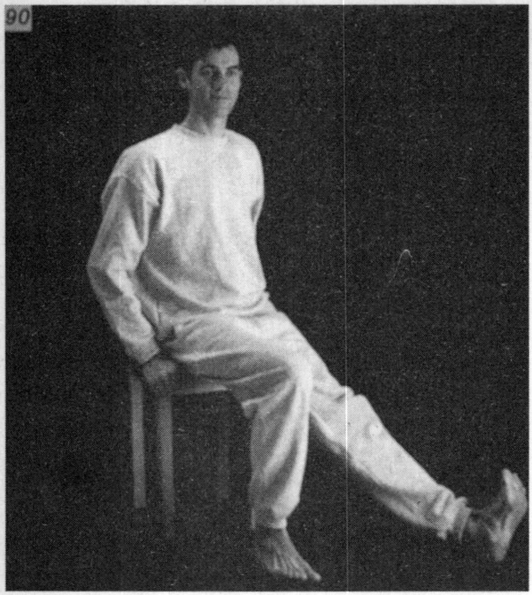
90

91

Wichtig: Hat auch Ihre Seele von diesen Übungen profitiert? Je besser Sie das Standbein belasten, um so freier können Sie das andere Bein bewegen. Der Oberkörper ist beim Üben aufgerichtet.

Durch das kurze Beugen und Strecken des Fußes werden die Blutgefäße massiert, das Blut in den Venen wird zum Herz transportiert. Dadurch wird der Kreislauf aktiviert.

Schieben Sie für die Einatmung die Lippen jedesmal nach vorn, damit Sie die schmale Nase (Kapitel »Die verschiedenen Atemphasen«, Seite 26, Bild 8) machen können. Versuchen Sie auch im Alltag mit geschlossenem Mund einzuatmen. Das kräftigt die Atemmuskeln und weitet den Brustraum, so daß viel belebender und erfrischender Sauerstoff aufgenommen werden kann.

Übung 6

- *Beklopfen Sie summend und mit weichen Händen die Außenseiten der Beine von oben nach unten und die Innenseiten von unten nach oben.*
- *Ruhen und nachatmen: Siehe dazu Kapitel »Atemtechnik im Alltag«, Seite 32.*

Übung 7 – Bild 92

- *Stoßen Sie mit gewinkelten, nach oben gerichteten Armen kräftig seitlich in den Oberkörper, und ballen Sie gleichzeitig beide Hände zu Fäusten.*
- *Fäuste loslassen, die Arme fallen lassen und kurz einatmen.*
- *Die Übung einige Male wiederholen, dabei nach dem Lösen immer kurz einatmen. Rufen Sie jedesmal mit energischer Stimme »spannen – lösen«.*

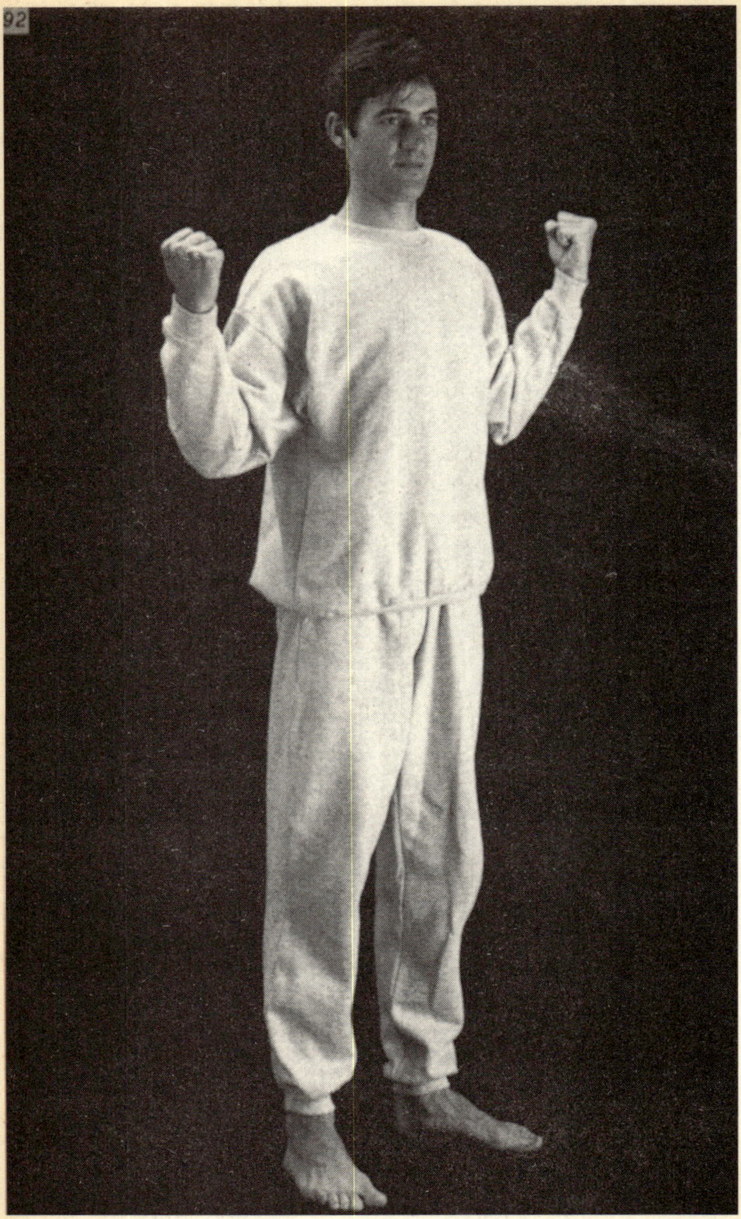
92

Übung 8 – Bild 92

- *Machen Sie Übung 7 fließend, dabei nach dreimaligem Lösen immer kurz einatmen.*
- *Wichtig: Versuchen Sie mit all Ihren Sinnen bei dieser Übung zu sein.*
- *Lockern Sie Ihre Arme, und stellen Sie die Nase für die Nachatmung schmal (Kapitel »Atemtechnik im Alltag«, Seite 35, Bild 14).*

Übung 9

- *Machen Sie Übung 8, aber stehen Sie vor jedem Spannen zuerst auf den Fußballen und nachher mit viel Kraft auf den Fersen. Spannen Sie gleichzeitig kurz Gesäß-, Hüft- und Beinmuskeln.*
- *Wichtig: Stehen Sie mit viel Kraft auf den Fersen, und versuchen Sie, den Spannungswechsel im ganzen Körper bewußt wahrzunehmen. Üben Sie nach Möglichkeit vor dem Spiegel, damit Sie sehen, wie Sie die Spannung aufrichtet, und Sie dadurch sicher und überzeugend wirken.*

Übung 10

- *Stehen Sie mit einem Bein fest auf den Boden. Klatschen Sie die Fußsohle des anderen Beins auf den Boden, während Sie die Arme lockern.*
- *Wechseln Sie die Seite.*
- *Machen Sie die Übung abwechslungsweise einmal links und einmal rechts.*
- *Ruhen und nachatmen: Siehe dazu Kapitel »Atemtechnik im Alltag«, Seite 33.*

Wenn Sie sich müde und abgespannt fühlen, braucht der Körper Impulse von außen, damit die Atmung aus ihrer Lethargie gerissen werden kann. Davon profitiert der ganze Körper.

Übung 11 – Bild 93 und 94

- *Sie stehen. Stellen Sie die Beine hüftbreit auseinander.*
- *Verlagern Sie Ihr Gewicht auf das rechte Bein, und strecken Sie beide Arme nach rechts.*
- *Ziehen Sie das linke Bein beim Ausatmen rechtwinklig nach oben, und schwingen Sie die Arme schräg nach links unten.*
- *Gehen Sie mit dem linken Bein und den Armen in die Ausgangsposition zurück. Atmen Sie ein.*
- *Wechseln Sie die Seite.*

Übung 12 – Bild 93 und 94

- *Wiederholen Sie Übung 11 dreimal hintereinander, und rufen Sie jedesmal ein energisches »Jetzt«.*
- *Beschreiben Sie mit beiden Armen in gleicher Richtung einen Halbkreis über dem Kopf, während Sie einatmen und gleichzeitig das Gewicht nach links verlagern.*
- *Wechseln Sie die Seite.*
- *Wichtig: Bewegen Sie Arme und Beine gleichzeitig. Dadurch entsteht ein gesunder Tonus in der Körpermitte. Durch den Ausruf »jetzt« wird das Zwerchfell gestärkt. So kann die vegetative Kraft immer mehr nach außen treten.*
- *Ruhen und nachatmen: Kapitel »Atemtechnik im Alltag«, Seite 33.*

Spüren Sie mehr Lebendigkeit in Ihrer Körpermitte? Nach einer intensiven Übung, in welche wir uns voll hineingeben, wird auch die Ruhe mehr zum Erlebnis.

93

94

Das individuelle Übungsprogramm

Das Üben der im Inhaltsverzeichnis mit »Praxis« bezeichneten Übungen ist die Grundlage für die Zusammenstellung Ihres persönlichen Tagesprogrammes.

Übungszeitpunkt

Grundsätzlich macht man

- bewegte, aufrüttelnde Übungen am Morgen (Kapitel »Atemübungen im Alltag« – Aufbauprogramm)
- beruhigende, ausgleichende Übungen am Abend (Kapitel »Aufatmen – Entspannen«).

Frühmorgendliches Üben mit nüchternem Magen ist sehr wirksam, da der Körper zu diesem Zeitpunkt noch nicht mit dem energieaufwendigen Verdauungsprozeß beschäftigt und entsprechend aufnahmefähiger für die gesunden Atmungs- und Bewegungsimpulse ist. Trinken Sie vorher einen auf Ihr seelisches und körperliches Befinden abgestimmten Kräutertee.

Auch am Abend kann Ihnen ein Entspannungstee helfen, die Alltagsspannungen zu lösen. Sorgen Sie beim Tee für Abwechslung, damit sich der Körper nicht an eine Sorte gewöhnt. Mehr über den Tee erfahren Sie in Kapitel »Kräutertees und ihre Anwendung«.

Übungswahl

- Machen Sie mit der Katzenstreckübung (Kapitel »Der erste Schritt«, Seite 16) eine Selbstdiagnose (Kapitel »Die Grundlagen einer optimalen Atmung«, Seite 41). Sie erlaubt Ihnen, Ihr körperliches Befinden gut einzuschätzen, und Sie haben Gewähr, daß Sie mit einem gelockerten, gelösten Körper ans Üben gehen.
- Überprüfen Sie die Nase auf ihre Funktionstüchtigkeit (Kapitel »Die Grundlagen einer optimalen Atmung«, Seite 45) und behandeln Sie diese nötigenfalls (Kapitel »Die Grundlagen einer optimalen Atmung«, Seiten 45–47).
- Suchen Sie Ihr persönliches Programm im Gesamtüberblick der »Übungsprogramme mit Zeitaufwand«, Seite 150, oder im Sachregister, Seite 165.

Wenn Sie sich für einzelne Übungen aus verschiedenen Programmen entscheiden, werden Sie mit der Zeit Ihren ganzen Körper durchtrainiert haben. Machen Sie in diesem Fall je eine Übung für:

untere Körperzonen	Füße, Beine Bein-, Hüft- und Gesäßmuskulatur
Körpermitte	Rumpf, Rücken, innere Organe, Zwerchfell
obere Körperzonen	Schultern, Nacken, Kopf, Arme

Die Entspannungsprogramme A–C, Kapitel »Aufatmen – Entspannen«, sind ganzheitlich aufgebaut, berücksichtigen also den ganzen Körper.

Die in der Übersicht der Übungen angegebenen Zeiten gelten

für einstudierte Übungen. Treffen Sie die Wahl nach Ihren persönlichen Möglichkeiten. Stecken Sie dabei Ihr Ziel nicht zu hoch, damit dieses nicht schon von vornherein an Zeitmangel scheitert. Wählen Sie lieber ein kurzes Übungsprogramm, und räumen Sie für dieses genug Zeit ein. Oder machen Sie mehrere Male täglich jeweils nur eine Übung.

Machen Sie jede Übung drei- bis viermal oder so lange, wie Sie mit Freude, Engagement und Konzentration dabei sind. Auch in der anschließenden Ruhestellung bleiben Sie so lange, wie dies nach Ihrem persönlichen Empfinden notwendig ist.

Wiederholen Sie Ihr Programm während 2 bis 3 Wochen täglich. Gehen Sie jedesmal mit Freude an die Übungen heran, und hören Sie auf die Rückmeldungen Ihres Körpers. Dadurch erst wird sich der Übungserfolg zum Wohle Ihres körperlichen und seelischen Befindens entfalten können.

Selbst wenn Sie wenig oder vermeintlich gar keine Zeit zum Üben zur Verfügung haben, finden Sie im Gesamtüberblick auf Seite 150 Anregungen und Tips, wie Sie Alltagssituationen mit kleinstem Aufwand leicht und sinnvoll für die Pflege Ihres Wohlbefindens nutzen können.

Praktische Ratschläge und Erste Hilfe für richtiges Atmen

Mit den nachfolgenden Anleitungen werden Sie keine Mühe bekunden, wenn Sie die mit »Praxis« bezeichneten Übungsprogramme beherrschen.

Alltagssituationen sinnvoll nutzen

Sie können Ihr ganzheitliches Wohlbefinden ganz wesentlich beeinflussen, wenn Sie Ihrer Seele und Ihrem Körper Aufmerksamkeit und Zuwendung schenken.

Bei der Arbeit

- *Versuchen Sie, bei der Berufs- und Hausarbeit und allem, was Sie tun, eine lockere, gelöste Körperhaltung einzunehmen, und kontrollieren Sie diese immer wieder. Pflegen Sie auch Ihre Seele.*
- *Kontrollieren Sie Ihre Haltung öfters, und achten Sie auf Verspannungen. Beispiele: eingeengte Körpermitte, hochgezogener angespannter Schultergürtel usw.*
- *Kontrollieren Sie, ob Mund, Zunge und Unterkiefer locker sind und Sie nicht »auf die Zähne beißen«. Diese Gelöstheit wirkt sich auf den ganzen Körper aus.*
- *Verschränkte Beine oder Arme, eine gebeugte Haltung sowie zu enge Kleidung und Schuhe behindern den Kreislauf und die Blutzirkulation. Sie sind Feinde einer freien Atementfaltung.*
- *Gestalten Sie Ihre Arbeit abwechslungsreich, indem Sie mögli-*

che Bewegungswechsel nutzen und kleine Übungsfolgen im Alltag einbauen: Strecken und dehnen Sie z. B. Ihre Flanken beim Wäscheaufhängen.

- *Schonen Sie Ihre Wirbelsäule, wenn Sie aus gebückter Haltung aufstehen (Seite 18).*
- *Nutzen Sie die verschiedenen Nachatemtechniken für kleine Erfrischungspausen: Öffnen Sie das Fenster, und atmen Sie schnuppernd ein (Seite 36).*
- *Machen Sie die Ruheatmung, um kurz zu entspannen. Gähnen Sie, und geben Sie dabei Stimmlaute von sich, wann immer es die Situation erlaubt (Seite 26).*
- *Bei einseitigen Bewegungsabläufen und bei langem Stehen oder Sitzen sollten Rücken und Kreuz oft entlastet werden. Entspannen und lockern Sie sich mit der Katzenstreckübung (Seite 16).*
- *Nehmen Sie anschließend die Ruhestellung ein (Seite 32).*
- *Nach Situationen, die Ihre Bewegungsfreiheit einschränken, wenden Sie das Prinzip der isometrischen Spannung an (Seite 137).*

Während der Pause

- *Kurze, aber regelmäßige Ruhepausen benötigen wenig Zeit und erquicken Körper, Seele und Geist. Nutzen Sie diese zum Frischmachen, Aufatmen, Gähnen, für eine kleine Atemgymnastik, oder tun Sie sich etwas zuliebe. Sie werden nachher wieder mit neuem Elan an die Arbeit gehen.*

Gönnen Sie sich ein Nickerchen

- *Lagern Sie die Beine hoch. Dies entlastet den Kreislauf. Zudem werden müde und schwere Beine erfrischt.*
- *Erholen Sie sich in Ruhelage (Seite 33), oder entlasten Sie Ihr Kreuz, indem Sie ein Kissen oder eine gerollte Decke (mindestens 20 cm Durchmesser) in die Kniekehlen legen.*

In der Freizeit

- *Singen, pfeifen oder lachen Sie bei jeder sich bietenden Gelegenheit.*
- *Üben Sie, den Atemrhythmus der Bewegung anzupassen, und schulen Sie die Ausdauer (Seite 131). Üben Sie beim Gehen, Spazieren, Wandern, Treppensteigen usw.*
- *Bauen Sie Nasen-, Mund-, Gaumen- und Rachenübungen bei jeder Gelegenheit in den Alltag ein, z. B. bei der Morgentoilette vor dem Spiegel (Seiten 45 und 57).*
- *Auch Hand- (Seite 146) und Gesichtsübungen (Seiten 144 und 145) eignen sich für kleine Erfrischungspausen.*
- *Straffen, spannen und lösen Sie Ihre Bein- und Gesäßmuskulatur beim Gehen, Spazieren, Wandern, Radfahren (Seite 134).*
- *Lockern Sie Ihre Beine, indem Sie sie auf der Rastbank locker schütteln.*
- *Treten Sie Ihre Füße durch, wenn Sie auf den Bus warten oder lange stehen müssen (Seite 83). Kontrollieren Sie auch Ihre Haltung.*
- *Kreisen und strecken Sie Hände und Füße, machen Sie die Faust, und lockern Sie Fuß- und Handgelenke beim Fernsehen, Lesen usw.*
- *Verwöhnen Sie sich mit wohltuenden Wasser- und Teeanwendungen (Kapitel »Wasser-, Dampf- und Wickelanwendungen« und »Kräutertees und ihre Anwendungen«).*
- *Lassen Sie Ihrer Fantasie freien Lauf, und versuchen Sie herauszufinden, was Ihnen gut tut!*

Asthma und Atemwegserkrankungen

Unter Asthma und Atemwegserkrankungen fallen allergisches Asthma, Bronchialasthma, chronische Asthmabronchitis, Lungenemphysem usw. Asthmatische und bronchiale Leiden sind sehr vielfältig und individuell. Sie gehören in jedem Fall in die Hände eines Arztes.

Für persönliche Beratungen und gesundheitliche Abklärungen (Zustand der Lunge sowie medizinische und technische Hilfs- und Präventionsmaßnahmen) stehen Ihnen spezialisierte Beratungsstellen zur Verfügung (Seite 171).

Ein persönlicher Erfahrungsaustausch mit Betroffenen ist sehr wertvoll und kann bei der Bewältigung der täglichen Probleme hilfreich sein.

Das tägliche Übungsprogramm als Selbsthilfe

Der Atempatient soll, kann und muß üben. Eine mehrmalige tägliche Nasen- und Bronchialhygiene sollte zur Selbstverständlichkeit werden. Je nach Bedürfnis kann die im Inhaltsverzeichnis bezeichnete Atem-»Praxis« vertieft werden, indem man sich einer ausgebildeten Fachkraft anvertraut oder einen wöchentlichen Gruppenkurs (Seite 169) in der Region besucht. Der Patient profitiert von einem täglichen, auf seine Situation abgestimmten Übungsprogramm, das viel zur Besserung seines Leidens beitragen kann. Durch die ständige Auseinandersetzung mit der bewußten Atmung und entsprechenden Rückmeldungen des Körpers gewinnt der Atempatient Sicherheit und Selbstvertrauen im Umgang mit sich selbst und seinen Atembeschwerden. Dies alles sind ideale Voraussetzungen, um Ängste abzubauen und Notsituationen (Atemnot, Anfall, Schmerzen) ruhiger, gefaßter und mit dem notwendigen Wissen und den entsprechenden Hilfen meistern zu können.

Falsches Verhalten beim Atmen kann erkannt und korrigiert werden. Bei atemeinschränkenden Erkrankungen der Lunge wird das noch verbleibende Atemvolumen gepflegt und erhalten. Auch kann der Atemraum immer wieder vergrößert und optimiert werden, indem einengende Widerstände in Muskeln und Gewebe rund um den Brustkorb behandelt und abgebaut werden. Auch atemwegsbehindernde Erkrankungen, z. B. Allergien und Heuschnupfen, können gelindert werden, wenn das damit verbundene kräfteraubende Sauerstoffdefizit durch regelmäßiges Üben wettgemacht werden kann. Natürlich müssen gleichzeitig alle allergiefördernden Faktoren im Alltag erkannt und auf ein Minimum eingeschränkt werden.

Bei chronischem Atemleiden ist alles zu unternehmen, um vorhandene Behinderungen auf ein Minimum zu reduzieren, indem die Regenerationskräfte des gesamten Organismus und der betroffenen Lungenbezirke immer wieder unterstützt werden.

Tips für die persönliche Atempraxis im Alltag

- *Machen Sie sich immer wieder Mut, und haben Sie Geduld.*
- *Überwinden Sie vorhandene Widerstände, und wirken Sie den atemeinschränkenden Störfaktoren mit einem angepaßten Übungsprogramm entgegen.*
- *Nutzen Sie zum Üben nach Möglichkeit beschwerdefreie Zeiten.*
- *Bauen Sie die Übungen in Ihren Tagesrhythmus ein, und machen Sie diese immer wieder in kleinen Etappen.*
- *Beginnen Sie mit Übungen im Sitzen, bevor Sie allmählich in anstrengenderen, noch möglichen Körperstellungen üben.*
- *Beleben Sie Ihren Kreislauf langsam, und bauen Sie schrittweise auf. Hören Sie auf die Rückmeldungen Ihres Körpers. Sie sind die zuverlässigsten Diagnostiker. Beginnen Sie beispielsweise mit Finger-, Hand-, Arm-, Fuß- und Beinübungen, bevor Sie auf die Körpermitte zugehen.*
- *Üben Sie nie ohne Einsatz der Stimme. Sie können sprechen, singen oder dazu mit der dosierten Lippenbremse ausatmen. Wichtig sind die Entspannungsphasen.*
- *Üben Sie immer wiederkehrende Bewegungsabläufe im Alltag zum bewußten Atmen (z. B. Treppensteigen, Seite 131).*
- *Schenken Sie dem körperlichen und seelischen Wohlbefinden jeden Tag die nötige Aufmerksamkeit. Dazu gehört nicht nur das tägliche Üben, sondern auch die im Kapitel »Wasser-,*

Dampf- und Wickelanwendungen« und »Kräutertees und ihre Anwendung« erwähnten Wasser-, Dampf-, Wickel- und Teeanwendungen. Sie unterstützen die tägliche Nasen- und Bronchialhygiene auf wunderbare Weise.

Aufstehen – leichtgemacht

Viele Menschen steigen morgens freudig aus dem Bett und beginnen ihr Tagwerk voller Tatendrang. Andere müssen sich im wahrsten Sinne des Wortes überwinden und haben Anlaufschwierigkeiten. Das läßt sich damit erklären, daß nicht jeder Organismus gleich rasch vom Schlaf- auf den Wachrhythmus umstellen kann, was wiederum von der mobilisierbaren Energie abhängig ist. Diese Mobilisierung der Kräfte führt beim Atempatienten oft schon beim Aufstehen zu Atemnot.

Was ist zu tun?

- *Viel Muße und das Programm »Entspanntes Aufwachen« helfen bei der Überwindung der Schwierigkeiten (Seite 38).*
- *Anschließend geht es darum, die Atmung einzustimmen und den richtigen Rhythmus zu finden, um sie Schritt für Schritt auf die im Alltag geforderte Mehrleistung vorzubereiten. Dazu bietet sich das Programm »Der Atmung auf die Beine helfen« (Seite 69) an.*
- *Wenn Sie Ihren Kreislauf anregen wollen, so verbinden Sie die Morgentoilette mit einem intensiven Fußwippen und -treten im kalten Wasserbad (Seite 158).*
- *Verbinden Sie das Fußwippen und -treten mit Bronchialübungen (Seite 53, Übung 11).*

Mangelnde Ausdauer

Mangelnde Ausdauer kann sich beim Sport, Joggen, Wandern, Treppensteigen, Arbeiten usw. bemerkbar machen. Willkürliche, übertriebene Willens- und Muskelanstrengung bei ungenügendem Training führt oft zu gesundheitlichen Störungen: Atemnot, Atemrhythmus- und Durchblutungsstörungen, Fehlhaltung, Mundatmung, Verkrampfung, Muskelkrämpfe, Seitenstechen, frühzeitige Ermüdungs- und Erschöpfungszustände.

Was ist zu tun?

Unser Organismus muß genügend Zeit haben, die für eine Mehrleistung benötigte Energie aufzubauen. Darum müssen Atmung und Kreislauf sukzessive auf jede körperliche Anstrengung vorbereitet und trainiert werden. Folgende Punkte sind zu berücksichtigen:

- *Beginnen Sie jede körperliche Aktivität langsam und in gleichmäßigem Rhythmus. Wichtig ist, daß Sie sich dabei wohl fühlen und Atmung und Bewegung in harmonischem Fluß bleiben und daß Sie jederzeit noch über eine kleine Kräftereserve verfügen. Steigern Sie allmählich, bis Sie das gesetzte Ziel erreicht haben.*

Treppensteigen

- *Üben Sie im Treppenhaus oder noch besser auf einer Treppe im Freien.*
- *Atmen Sie weich und drucklos mit der dosierten Lippenbremse aus, und steigen Sie so viele Treppenstufen hoch, wie Sie dies ruhig und entspannt tun können (z. B. 3 Treppenstufen).*
- *Bleiben Sie am Ende der Ausatmung stehen, und entspannen Sie sich innerlich. Warten Sie die Atempause ab, und stellen Sie die Nase mit den Fingerkuppen für die Einatmung schmal (Seite 35, Übung 1).*

- *Üben Sie weiter, und steigen Sie jedesmal eine Treppenstufe höher.*
- *Bleiben Sie nach einigem Training zum Einatmen nicht mehr stehen, sondern atmen Sie während der Bewegung durch die schmale Nase ein (Seite 26). Beispiel: 5 Treppenstufen lang ausatmen, 2 Treppenstufen lang einatmen.*
- *Üben Sie mit Ausdauer, bis Sie Ihren Rhythmus gefunden haben und das Ziel mit Leichtigkeit erreichen, z.B. 7 Treppenstufen lang ausatmen, 2 Treppenstufen lang einatmen.*
- *Siehe auch: Atemanpassung an die Bewegung (Seite 29) und »Aufstehen – leichtgemacht« (Seite 130).*

Atemnot

Atemnot macht Angst. Sie kommt unerwartet und droht Körpermitte und Seele einzuschnüren. Sie löst das Gefühl aus, daß die Sauerstoffversorgung nur noch in einem kleinen Teil der Brust funktioniere.

Die körperlichen und seelischen Ursachen sind vielfältig und oft schwer ergründbar. Sicher sind sie zum Teil auf eine Überforderung in unserer modernen, leistungsbetonten Gesellschaft zurückzuführen, welche uns kaum Zeit zum Aufatmen gibt. So gesehen ist die Atemnot eine natürliche Reaktion des Körpers, der uns Signale gibt, das natürliche Gleichgewicht auf körperlicher und seelischer Ebene zu suchen.

Was ist zu tun?

Bei Atemnot ist es der natürlichste Reflex der Welt einzuatmen, was die physische und psychische Ohnmacht und vor allem die Angst, keine Luft zu bekommen, noch verstärkt. In diesem Stadium ist die Lunge mit Kohlendioxyd und Schlacken gefüllt und deshalb jedes Einatmen zwecklos. Wir müssen also zuerst ausatmen (Kapitel »Die verschiedenen Atemphasen«), selbst wenn uns dies schier unmöglich erscheint.

- *Befreien Sie sich von einengender Kleidung.*
- *Öffnen Sie die Fenster, oder gehen Sie ins Freie.*
- *Versuchen Sie, Ruhe zu bewahren.*
- *Nehmen Sie eine Ihnen vertraute Haltung ein, die Ihnen das Atmen erleichtert. Die Möglichkeiten sind sehr individuell und können eingeschränkt sein. In der gewählten Stellung sollen Sie sich wohl fühlen und das Gefühl von Raum und Weite in der Körpermitte haben, damit Sie sich rasch aus den Fesseln der Atemnot befreien können.*

Mögliche Stellungen

- *Setzen Sie sich rittlings auf einen Stuhl. Stützen Sie Ihre Unterarme auf der Rückenlehne ab.*
- *Setzen Sie sich an einen Tisch, und stützen Sie die Unterarme auf dem Tisch ab.*
- *Lehnen Sie sich an eine Wand, und halten Sie die Arme nach Möglichkeit in die Höhe (entweder mit Blick oder mit dem Rücken zur Wand).*
- *Fassen Sie mit beiden Händen eine Stange, und lassen Sie Ihr Gewicht daran baumeln (Teppichstange oder im Fachhandel erhältliche Turnstange, welche zwischen den Türbalken befestigt werden kann).*
- *In Ausnahmefällen kann auch eine liegende Position Atemerleichterung bringen, z. B. Rückenlage mit angewinkelten oder hochgelagerten Beinen und nach oben gelegten Armen. Oder in Seitenlage mit angewinkelten Armen und Beinen (Embryo-Stellung).*

Das Hochhalten der Arme fördert den venösen Rückfluß des Blutes zum Herz. Es entsteht eine direkte Kreislaufhilfe: Das Herz wird in seiner Tätigkeit unterstützt und kann ohne Mehraufwand mehr Blut in Umlauf setzen, was zu einer besseren Sauerstoffversorgung der Zellen führt und den Sauerstoffmangel kompensieren hilft.

- *Versuchen Sie, in der gewählten Stellung Ruhe zu finden und innerlich und äußerlich zu entspannen. Brauchen Sie Ihre Stimme, damit die Atmung Ihre Verhaltenheit verliert und Sie das Kohlendioxyd in der Lunge ausatmen können.*
- *Seufzen Sie tief und nachhaltig. Lassen Sie den Seufzerton verklingen, und versuchen Sie zu entspannen, damit die eingeatmete Luft in die geweitete Körpermitte fließen kann.*
- *Ruhen Sie eine Atemsequenz lang aus.*
- *Wiederholen Sie die Übung, bis Sie sich gut fühlen.*
- *Wechseln Sie die atemerleichternde Stellung je nach Bedürfnis.*
- *Prüfen Sie Ihre Nase auf Funktionstüchtigkeit, und behandeln Sie diese nötigenfalls (Seite 45, Übungen 1 bis 8).*
- *Atmen Sie durch die schmale Nase (Seite 26) ein, sobald Sie sich dazu in der Lage fühlen. Stellen Sie Ihre Nase auch im Alltag bei jeder Gelegenheit schmal (Seite 35). Ihre Atemmuskeln werden dadurch gestärkt, der Brustraum weitet sich, und Sie können mit jedem Atemzug mehr Sauerstoff aufnehmen.*

Prävention

- *Sie können sich für einen Ernstfall vorbereiten, wenn Sie die im Inhaltsverzeichnis mit »Praxis« bezeichneten Übungen gut beherrschen.*
- *Halten Sie sich so viel wie nur möglich an der frischen Luft auf.*

Folgende Übungsprogramme gehören zur morgendlichen Pflichtlektion:

- *Entspanntes Aufwachen (Seite 38).*
- *Der Atmung auf die Beine helfen (Seite 69).*
- *Nasen- und Bronchialhygiene (Seiten 45–53).*

Beinschmerzen

Bei Bewegungsmangel und bedingt durch die extreme Lage werden die unteren Gliedmaßen oft ungenügend versorgt. Dabei bereitet die arterielle Blutversorgung vom Herz in die

Beine (abwärts) weniger Probleme als der venöse Rückfluß (aufwärts). Die Folge sind müde, schwere, schmerzhafte Beine, welche uns in unseren Aktivitäten einschränken und lähmen. Auch geschwollene Fußknöchel nach langem Sitzen oder Stehen sind auf eine schlechte Blutzirkulation zurückzuführen.

Was ist zu tun?

Damit Ihre Beine für die belastenden Aufgaben des Tages vorbereitet sind und leicht und beweglich bleiben, müssen Blut und Nervenimpulse ungehindert zirkulieren können. Unterstützt werden kann dies wie folgt:

Am Morgen

- *Intensive Fußarbeit im Sitzen oder Stehen (Seite 113).*

Während des Tages

- *Treten Sie Ihre Füße bei jeder Gelegenheit durch (Seite 83).*
- *Kurzes, straffes Spannen und Lösen der Beinmuskulatur beim Gehen, Spazieren, Radfahren usw. fördert den venösen Rückfluß. Der Muskeldruck ist für die Blutgefäße wie eine Massage. Als Folge wird das Blut gegen die Schwerkraft in den Venen zum Herz geleitet.*
- *Morgendliches Fußtreten im kalten Wasser, Schwimmen, kalte Wasserbäder oder Beingüsse unterstützen die Venenmassage und können vor allem im Sommer sehr angenehm sein und Linderung bringen (Seite 158).*
- *Gönnen Sie sich zwischendurch eine kleine Pause, und lagern Sie Ihre Beine hoch. Oder legen Sie beide Unterschenkel auf einen Stuhl.*
- *Lockern Sie nach dem Aufstehen Ihre Beine (Seite 41).*
- *Verschränken Sie die Beine nicht, und tragen Sie auch keine einengende Kleidung und keine einengenden Schuhe. Sie sind Feinde einer freien Blutzirkulation!*

Am Abend

- *Entlasten Sie Ihre Beine (Seite 111; Übungen 4 und 5).*

➲ Das Wichtigste in Kürze

Damit Sie von Ihren Beinen »leicht« durch den Alltag getragen werden, sollten Sie sie pflegen, unterstützen und entlasten.

Verschränkte Beine und einengendes Schuhwerk sind Feinde der freien Blutzirkulation.

Eingeschränkte Bewegungsfreiheit

Viele Alltagssituationen können unsere Bewegungsfreiheit zeitweise einschränken oder ganz verunmöglichen:

Im Liegen
Bettlägerigkeit bei Krankheit, Gipsverband, Rückenleiden usw.

Im Sitzen
Sitzende Arbeit, Autofahren, Fliegen, Busfahren usw.

Im Stehen
Stehende Arbeit usw.

Bei Einschränkung der Bewegungsfreiheit kann es zu Blutstau, Verkrampfungen, schmerzhaften, geschwollenen Gelenken, geschwächter Muskulatur, frühzeitigem Ermüden usw. kommen.

Was ist zu tun?

Kräftefluß, Blutzirkulation und die damit verbundene Sauerstoffversorgung sollten trotz Extremsituation aufrechterhalten bleiben. Erreichen können wir dies, wenn wir die Muskeln schrittweise spannen. Wir brauchen uns dazu nicht einmal zu bewegen. Versuchen Sie es doch gleich selbst:

Bild 95

- *Setzen Sie sich aufrecht an einen Tisch.*

- *Atmen Sie weich und drucklos aus, und drücken Sie beide Handballen gegen die Tischkante, als wollten Sie den Tisch von sich schieben. Spüren Sie, wie der Handdruck eine Spannung in den Arm- und Schultermuskeln auslöst, ohne daß Sie sich bewegen?*
- *Lösen Sie die Spannung, indem Sie die Arme senken. Jetzt einatmen, entspannen und nachatmen.*

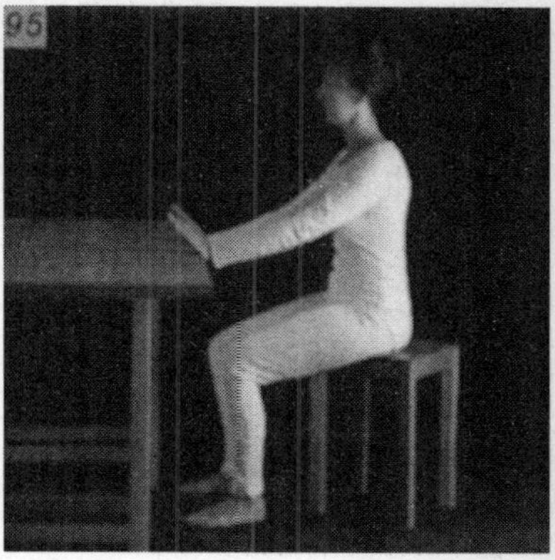

Das Prinzip der isometrischen Spannung (Spannung an Ort)

Das Prinzip der isometrischen Muskelspannung kommt bei jeder Absicht zu einer Bewegung zum Zuge. Zur Spannung kommt es durch die langsame (innerhalb von 1 bis 3 Sekunden) Druckverstärkung gegen einen Widerstand (z. B. Fußdruck am Boden). Diese Muskelspannung löst einen Druck auf die Blutgefäße aus, die sich dadurch entleeren. Das Blut wird alsdann in den Venen zum Herz geleitet. Durch die isometrische Spannung wird der Kreislauf aktiviert und die Sauerstoffversorgung sichergestellt.

Nach dem Prinzip der isometrischen Spannung kann der ganze Körper in jeder beliebigen Lage und Situation schrittweise »belebt« werden, ohne daß dies Dritte bemerken. Achten Sie auf folgendes:

Körperhaltung

- *Die Körperhaltung ist immer gleich: Sie ziehen den Schulter-*

gürtel tief und machen den Nacken lang, Ihr Körper ist flach und das Gesicht entspannt.
- *Ihre Atmung muß weich und drucklos verströmen, damit Sie sich auch innerlich nicht verkrampfen.*
- *Entspannen Sie sich nach jeder Anspannung bewußt, und atmen Sie nach.*

Übung 1 – im Liegen

- *Sie liegen flach auf dem Rücken auf einer Matte. Ihre Beine sind hüftbreit gestreckt. Ihre Arme liegen gestreckt am Körper. Das Körpergewicht haben Sie ganz dem Boden übergeben.*
- *Atmen Sie weich und drucklos aus, während Sie zuerst den rechten Fuß und dann langsam das ganze Bein auf den Boden drücken. Nehmen Sie die aufbauende Muskelspannung in den Bein-, Gesäß- und Hüftmuskeln bewußt wahr.*
- *Lösen Sie die Spannung, atmen Sie ein, entspannen Sie, und atmen Sie nach.*
- *Machen Sie die gleiche Übung mit dem linken Bein.*
- *Machen Sie die Übung abwechslungsweise mit dem linken und dem rechten Bein.*
- *Wichtig: Achten Sie darauf, daß der Oberkörper flach bleibt und das Kreuz auf der Unterlage ruht.*

Übung 2 – im Liegen

- *Machen Sie Übung 1, jedoch mit den Armen.*
- *Drücken Sie zuerst die Handfläche und langsam den ganzen Arm auf die Unterlage.*

Übung 3 – im Liegen

- *Machen Sie Übung 1, aber drücken Sie gleichzeitig Arme, Schulterblätter und Kopf auf die Unterlage.*
- *Wichtig: Ziehen Sie den Nacken lang und den Schultergürtel tief.*

Übung 4 – im Liegen

- *Machen Sie Übung 1, aber mit dem ganzen Körper*

Übung 5 – im Sitzen

- *Sie sitzen auf einem Stuhl mit Rückenlehne oder auf einem Hocker, den Rücken an eine Wand gelehnt (Seite 61, Bild 34).*
- *Drücken Sie beim Ausatmen den rechten Fuß auf den Boden, und nehmen Sie die Spannung in der Bein-, Gesäß- und Hüftmuskulatur wahr.*
- *Lösen Sie die Spannung, atmen Sie ein, entspannen Sie, und atmen Sie nach.*
- *Wichtig: Ihr Körper muß aufrecht sein, die Körpermitte gelöst und frei.*
- *Machen Sie die gleiche Übung mit dem linken Fuß.*
- *Machen Sie die Übung abwechslungsweise mit dem rechten und linken Fuß.*

Übung 6 – im Sitzen

- *Machen Sie Übung 5, aber mit den Armen, indem Sie die Handfläche neben dem Oberschenkel auf den Stuhl drücken und so Arm- und Schultermuskulatur spannen.*
- *Wichtig: Ziehen Sie den Nacken lang und den Schultergürtel tief.*

Übung 7 – im Sitzen

- *Sie sitzen auf einem Hocker, den Rücken an die Wand gelehnt.*
- *Drücken Sie beide Füße fest auf den Boden; das Kreuz, den oberen Rücken und den Kopf drücken Sie an die Wand.*

Übung 8 – im Sitzen

- *Machen Sie Übung 7, jedoch zusätzlich gleichzeitig die Hände drücken.*
- *Wichtig: Denken Sie auch an Ihre »innere Aufrichtung«.*

Übung 9 – im Sitzen

- *Machen Sie Übung 8, jedoch im freien Raum (ohne Rückenlehne und Wand).*

Übung 10 – im Stehen

- *Das Prinzip der isometrischen Spannung ist auch im freien Raum im Stehen möglich.*
- *Geben Sie beim Ausatmen Fußdruck, wodurch sich Bein-, Gesäß- und Hüftmuskeln spannen.*
- *Drücken Sie die hängenden Arme an die Flanken, ziehen Sie den Nacken gleichzeitig lang und den Schultergürtel tief. Lösen Sie die Spannung wieder, atmen Sie ein, entspannen Sie, und atmen Sie nach.*
- *Wichtig: Übungen 9 und 10 kräftigen die Rückenmuskulatur. Bei kräftiger Rückenmuskulatur wird man ohne Stuhllehne mühelos aufrecht sitzen können.*

Übung 11 – Kräftigung der Beckenboden- und Darmmuskulatur

- *Spannen Sie die Muskulatur rund um den Enddarm eine Ausatmung lang, als wollten Sie den Stuhlgang verhindern. Lösen Sie die Spannung wieder, atmen Sie ein, entspannen Sie, und atmen Sie nach.*

Übung 12 – Kräftigung der Blasenmuskulatur

- *Spannen Sie die Muskulatur rund um die Harnröhre, als wollten Sie den Harnabgang stoppen (nur bei Frauen möglich).*

➲ Das Wichtigste in Kürze

Bauen Sie die isometrische Spannung in jede mögliche Alltagssituation ein. Der Kreislauf und die Sauerstoffversorgung werden so auch in Extremsituationen funktionieren.

Stärken Sie Ihre Rückenmuskulatur, indem Sie ohne Hilfsmittel (Rückenlehne, Wand) sitzen.

Vor dem Einschlafen

Die Zeit vor dem Einschlafen eignet sich am besten, noch einmal etwas für das Wohlbefinden zu tun, damit der Köper seine Ruhe findet und die notwendigen Aufbau- und Regenerationsprozesse zu arbeiten beginnen.

Auch wenn Sie tagsüber keine Zeit zum Üben gefunden haben, sollten Sie sich jetzt nach dem Motto »Lieber spät als gar nie« ein paar Minuten intensiv mit dem Körper beschäftigen.

Was ist zu tun?

Bestimmen Sie das Ihrer Situation und Verfassung entsprechende Programm A, B oder C (Seite 102). Das nachfolgende Kurzprogramm zur Entspannung entspricht »Aufatmen – Entspannen«. Der Zeitaufwand ist sehr klein, da die Übungen liegend im Bett gemacht werden können. Schlafzimmer gut lüften. Beim regelmäßigen Üben kann dieses Kurzprogramm sehr wohl zu einem angenehmen Einschlafritual werden.

Allgemeine Situation und Verfassung Typ A (Seite 103)

- *Übungen 5 und 6, Seite 41.*
- *Übungen 1 und 2, Seiten 38 und 39.*
- *Übungen 5 und 6 und Übungen 1 und 2 abwechslungsweise.*
- *Beenden Sie jede Übung, indem Sie ein befreiendes »Puuuh« sagen, kurz einatmen und noch einmal genüßlich stöhnen.*

Allgemeine Situation und Verfassung Typ B (Seite 108)

- *Übungen 2 bis 6, Seiten 69–71. Atmen Sie bei den Übungen laut auf »A«, »E« oder »O« aus.*
- *Übungen wiederholen, jedoch die Bewegungssequenzen auf 12, 10 und 8 usw. abbauen.*

Allgemeine Situation und Verfassung Typ C (Seite 113)

- *Übungen 5 und 6, Seite 41.*
- *Übungen 1 bis 4, Seiten 138 und 139 (isometrisches Spannen im Liegen).*
- *Beide Übungen abwechslungsweise machen und nach jeder Übung die Nase für die Nachatmung schmalstellen (Seite 35).*

Erkältung

Die Erkältung ist ein katarrhalischer Infekt der oberen Luftwege, der vorwiegend in der kälteren Jahreszeit auftritt. Nur bei genügend körpereigenen Abwehrkräften werden die Krankheitserreger gehindert, sich in unserem Körper einzunisten und zu vermehren. Erfahrungsgemäß erkrankt nicht jeder Mensch an Erkältung oder Grippe, der mit den Viren in Kontakt kommt. Eine Erkältung kann von Schnupfen, Stirn- und Kieferhöhlenkatarrh zu Mittelohrentzündung, Rachenkatarrh, Bronchitis usw. reichen. Begleitet wird sie je nach dem von Fieber, Zerschlagenheit, Kopfschmerzen, Gliederschmerzen, Appetitlosigkeit usw.

Was ist zu tun?

Zur Vorbeugung

- *Ein tägliches individuelles Atemgymnastikprogramm zur Stärkung der Abwehrkräfte (Seite 122).*
- *Regelmäßige Nasen- und Bronchialhygiene (Seiten 45–53).*

- *Frühmorgendliches Fußtreten im kalten Wasserbad (Seite 158). Kombinieren Sie dieses mit den Bronchialübungen.*
- *Oberkörperwaschungen (Seite 157).*
- *Regelmäßiger Saunabesuch einmal wöchentlich.*

Zur Behandlung

- *Aufsteigende Bäder mit entsprechenden Kräuterextrakten.*
- *Gesichts- oder Oberkörperdämpfe mit schleimlösenden Tees.*
- *Warme Wickel mit entsprechenden Auflagen (Kapitel »Wasser-, Dampf- und Wickelanwendungen« und »Kräutertees und ihre Anwendungen«).*

Geschwollene Glieder

Im Sommer bei extremer Hitze und nach langen Wanderungen kann sich das venöse Blut trotz gesunder Bewegung an der frischen Luft in den Füßen und in den Händen stauen. Bedingt durch den schlechten Blutaustausch in den Beinen (Seite 134) sowie die hängenden Arme sammelt sich mit der Zeit Gewebewasser, welches von den Venen nicht mehr aufgenommen werden kann. Die Folge sind geschwollene schmerzhafte Fingerkuppen sowie Hand- und Fußgelenke.

Was ist zu tun?

Zu Hause

- *Wiederholen Sie die Übungen 5 und 6, Seite 41, mehrmals täglich. Sie können so Ihre Glieder entstauen, lockern und den Kreislauf entlasten.*
- *Bei extremer Hitze lindern kalte Wassergüsse, Unterarm- und Fußbäder oder Fußtreten im kalten Wasser (Kapitel »Wasser-, Dampf- und Wickelanwendungen«).*

Unterwegs

- *Straffen, spannen und lösen Sie Ihre Bein- und Gesäßmuskulatur beim Gehen, Spazieren, Wandern, Radfahren usw. Heben*

Sie gleichzeitig die Arme hoch, während Sie die Hände abwechslungsweise energisch strecken und wieder zu einer Faust ballen. Singen oder pfeifen Sie dazu, und atmen Sie bewußt durch die schmale Nase ein (Seite 26). Wiederholen Sie die Übungen bei jeder Gelegenheit. Dadurch werden der Rückfluß des Blutes zum Herzen gefördert und die Glieder in ihrer Versorgung unterstützt.
- *Auf der Wanderung erfrischt ein Fuß- und Unterarmbad im kühlen See.*

Zur Vorbeugung
- *Bauen Sie Bein- und Handübungen ins tägliche Übungsprogramm ein (Beinübungen Seite 134, Handübungen Seite 146).*

Gesicht – blaß, fahl, zerknittert

Sind Sie beim morgendlichen Blick in den Spiegel ob Ihres fahlen, blassen Gesichts auch schon erschrocken? Es sind Spuren des Vortages, denen wir mit einer Gesichtsmassage begegnen können. Die Gesichts- und Kopfzonen werden durch die Behandlung optimal durchblutet, die Haut wird gestrafft und bekommt ihr frisches Aussehen zurück, die Konzentrationsfähigkeit wird verbessert, was sich auch auf die Funktion der Organe positiv auswirkt.

Was ist zu tun?
- *Gönnen Sie Ihrem Gesicht ein durchblutungsförderndes Kräuterdampfbad (Seite 159).*
- *Reiben Sie die Hände für die Gesichtsbehandlung warm.*
- *Beklopfen Sie Gesicht und Stirne mit weichen Handflächen, während Sie jeweils eine Ausatmung lang summen und die Nase für die Einatmung schmal stellen (Seite 35).*
- *Beklopfen Sie Gesicht und Stirne mit den Handflächen, von der Mitte nach außen sanft ausstreichend. Summen Sie dazu.*

- *Stehen Sie vor einen Spiegel. Schneiden Sie Grimassen. Kneifen Sie die Augen zu, ziehen Sie Gesicht und Mund längs und quer und geben Sie Töne von sich. Plötzlich brechen Sie ob Ihres »schauspielerischen Talents« in lautes Lachen aus. Nun atmen Sie durch die schmale Nase (Seite 26) ein.*
- *Streichen Sie Gesicht und Stirne mit den Handflächen wieder glatt.*
- *Rümpfen Sie die Nase. Fassen Sie beide Nasenflügel, ziehen Sie diese längs und quer, und atmen Sie durch die geweitete Nase ein.*
- *Bewegen Sie Ihre Zunge, und beklopfen Sie mit locker hüpfenden Fingerkuppen den ganzen Kopf, bis Sie das Bedürfnis zum Einatmen haben oder gähnen müssen.*

Heimliches Gähnen im Alltag

Leider wird spontanes Gähnen im Alltag aus falsch verstandener Höflichkeit oft unterdrückt.

Was ist zu tun?

- *So können Sie trotz geschlossenem Mund heimlich gähnen. Halten Sie die Mundhöhlen locker und weit offen und behalten Sie dabei Ihren Mund locker geschlossen.*
- *Legen Sie die Zungenspitze an die untere Zahnreihe, und drücken Sie so den Mundboden sanft abwärts. Richten Sie dabei alle Kräfte nach innen, und spüren Sie, wie sich der Schlund allmählich weitet, die Luft langsam durch die Nase in Ihre Mitte einströmt und belebend füllt. So wird auch heimliches Gähnen zum Genuß!*
- *Siehe auch: »Gähnen Sie sich fit und gesund« (Seite 20).*

Gefühllose, kalte Hände

Gefühllose, schlecht durchblutete Hände werden durch die nachfolgenden Übungen wieder gut durchblutet, weich und geschmeidig. Gut durchblutete Hände geben Ihnen Sicherheit und lassen Sie mit dem nötigen »Fingerspitzengefühl« agieren.

Was ist zu tun?

- *Fördern Sie die Durchblutung der Hände durch kalte Unterarmbäder oder -güsse. Siehe auch »Geschwollene Glieder«, Seite 143.*
- *Machen Sie die Übungen 7 und 8, Seite 117 und 119.*
- *Schütteln Sie die Hände, und lockern Sie die Handgelenke. Rufen Sie dazu ein beschwingtes »Schü-ü-ü-ü-ü-tteln«.*
- *Strecken Sie die Arme in die Höhe, während Sie die Hände abwechslungsweise spreizen und dann wieder zur Faust ballen. Rufen Sie dazu energisch »Strecken – Ballen«.*
- *Streichen Sie Finger um Finger und am Schluß die Hände aus, damit diese gelenkig und empfindsam werden.*
- *Reiben Sie Ihre Hände warm.*
- *Singen oder summen Sie ein Lied, und klatschen Sie dazu im Takt.*
- *Wichtig: Stellen Sie die Nase zum Nachatmen schmal (Seite 35).*

Richtiges Husten

Entzündete Bronchien werden durch häufiges Husten zusätzlich gereizt, so daß es zu eigentlichen »Hustenattacken« kommt.

Was ist zu tun?

- *Versuchen Sie, den Ort des Hustenreizes zu lokalisieren. Beruhigen Sie die betroffene Stelle, indem Sie die Hautbezirke sanft beklopfen und dazu summen (Bronchialübungen 2 und 3, Seite 49 f.).*

- *Husten Sie erst, wenn der Hustenreiz unerträglich wird. Dazu setzen Sie sich auf einen Stuhl und stützen die Ellbogen auf den Tisch. Halten Sie die Mundhöhlen locker und weit offen, den Mund hingegen nur leicht geöffnet.*
- *Sprechen Sie weit hinten im Rachen ein »Aaaaa«, als wollten Sie gähnen.*
- *Husten Sie sanft. Drücken Sie gleichzeitig die Füße auf den Boden. Dadurch wird auch die Bauchmuskulatur beansprucht. Halten Sie dabei den Brustkorb aufrecht.*
- *Lösen Sie den Fußdruck und die damit verbundene Muskelspannung im Bauch nach jedem Hustenschub.*
- *Wenn es die Gesundheit erlaubt, kann diese Hustentechnik auch in der Umlagerungsstellung (Seite 34, Bild 13) angewendet werden.*
- *Zur Vorbeugung eignen sich auch die täglichen Nasen- und Bronchialhygiene-Übungen (Seiten 45–53).*
- *Behandeln Sie die kranken Lungenbezirke mit warmen Wickeln oder warmen Duschgüssen (Seiten 158–161).*

Mundatmung – verstopfte, verschleimte Nase

»Mit offenem Mund staunend dazustehen«, ist eher die harmloseste Form der Mundatmung. Aber wie sieht es im Alltag aus? Wie atmen Sie, wenn Sie »außer Atem« sind, in letzter Minute den Bahnhof oder den Bus erreichen? Wissen Sie überhaupt, ob Sie nicht doch ab und zu durch den Mund atmen? Oder ob sich diese schlechte Gewohnheit manchmal heimlich einschleicht?

Die Mundatmung gefährdet die Atemwege, da die Luft ungefiltert, schlecht gereinigt, zu trocken oder zu kalt in die Bronchien gelangt. Menschen, die durch den Mund atmen, sind anfällig für Infektionen in den Atemwegen, für Erkältungen, Allergien und Bronchialreizungen.

Richtig atmen heißt, durch die Nase zu atmen. Dies ist nur möglich, wenn die Nase weder verschleimt noch verstopft ist, also offen ist.

Was ist zu tun?

- *Kontrollieren Sie die Nase von Zeit zu Zeit (Übung 1, Seite 45), und behandeln Sie diese nötigenfalls, bis die natürliche Nasenfunktion spielt (Übungen 2 bis 8, Seiten 45–47).*
- *Auch eine durchgängige Nase ist noch keine Garantie, daß Sie nicht doch durch den Mund atmen. Kontrollieren Sie sich regelmäßig, vor allem wenn Sie stark gefordert sind oder sich beim Arbeiten »vergessen«.*
- *Das Üben der dosierten Lippenbremse (Seite 25) sowie bewußtes Einatmen durch die schmale Nase (Seite 26) unterstützen das Atmen durch die Nase.*

Luftverschmutzung

Die durch Industrie, Verkehrsabgase und andere Umweltgifte verursachte Luftverschmutzung nimmt ständig, vor allem aber in den Sommermonaten von Jahr zu Jahr zu. Es ist eine bekannte Tatsache, daß unsere Lungen dadurch belastet werden und das allgemeine Wohlbefinden immer mehr beeinträchtigt wird.

Was ist zu tun?

- *Sorgen Sie für tägliche Nasenhygiene (Übungen 1 bis 8, Seiten 45–47). So kann die Nase die notwendigen Reinigungsfunktionen erfüllen, indem die einströmende Atemluft in besserem Zustand in die unteren Atemwege gelangt.*
- *Wenn Sie sich in stark belasteten Gebieten aufhalten, prüfen Sie durch Selbstkontrolle, ob Sie wirklich durch die Nase atmen und nicht etwa durch den Mund. Das Üben der dosier-*

ten Lippenbremse (Seite 25) und bewußtes Einatmen durch die schmale Nase (Seite 26) unterstützen das Atmen durch die Nase.

- *Um die Bronchien in ihrer Reinigungsfunktion zu unterstützen, ist die tägliche Bronchialhygiene in der heutigen Zeit zwingend (Übungen 1 bis 11, Seiten 49–53).*

Stimmungslagen

Vielfältige Alltagseinflüsse und erhöhte Anforderungen beeinflussen unsere seelische und körperliche Verfassung. Die Folge davon können gesundheitliche Probleme verschiedenster Art, depressive Stimmungen oder auf der Seele lastende Sorgen sein: Antriebslosigkeit, Gereiztheit, Müdigkeit, Nervosität, Konzentrationsschwäche, Verkrampfungen usw. Alle negativen Einflüsse können selten vernunftsmäßig oder mit eisernem Willen bekämpft werden. So kann auch unsere Atmung verhalten, arhythmisch oder oberflächlich werden. Diesem Mißstand können wir begegnen, wenn Körper und Atmung mit gezieltem Üben aus ihren Fesseln befreit werden. Dadurch erst wird der Körper wieder ansprechbar und aufnahmefähig und kann für unser Wohlbefinden arbeiten. Wenn diese körperliche Umstimmung gelingt, wird man auch auf der psychischen Ebene plötzlich neue Wege und Möglichkeiten für bisher vermeintlich unlösbare Probleme finden.

Das auf Ihre Situation abgestimmte Übungsprogramm finden sie auf den Seiten 102 und 103.

Übungsprogramme mit Zeitaufwand

Die Zeitangaben gelten für einstudierte Übungen. Sie entsprechen dem ungefähren Aufwand für ein-, drei- bis viermaliges fließendes Wiederholen der jeweiligen Übung.

Der Zeitaufwand für die anschließende Nachatmung in der entsprechenden Ruhestellung bestimmen Sie nach Ihren Bedürfnissen und Möglichkeiten. Sie sollten sich jedoch mindestens 30 Sekunden pro Übung dafür Zeit nehmen.

Übung	**Übung-nummer**	**Zeit in Min.**	**Ort***	**Anwendung/ Bemerkung**	**Seite**
Katzenstreckübung	1–3	3 x 1	G	Mehrmals täglich	16 ff.
Gähnübung		2	O	Zwischendurch	20 f.
Ausatmen – Entspannen – Einatmen		2	M	Atemvertiefung	22
Die Ruheatmung		2	M	Zur Entspannung	26 f.
Die schmale Nase		indiv.	O	Jederzeit	26 f.
Bewegung und Atmung	1	2	O	Atemschulung	29 ff.
Das Nachatmen in Ruhestellung		1/2	G	Atemvertiefung	31 ff.
Grundprogramm					
Aufwachen	1–6	6 x 2	G	Morgens im Bett	38 ff.
Verspannungen lösen	1–3	3 x 2	O/G	Zwischendurch	41 ff.

Übung	Übung-nummer	Zeit in Min.	Ort*	Anwendung/ Bemerkung	Seite
Kontrolle der Nase	1	1/2	O	Mehrmals täglich	45
Behandlung der Nase	2–7	6 x 1	O	Mehrmals täglich	45 ff.
Die tägliche Bronchialhygiene	1–10 11	10 x 1 6 x 1	O M/O/U	Täglich	48 ff. 53
Zwerchfellübungen	1–3	3 x 1	M	Zwischendurch	54 ff.
Die Stimme brauchen		indiv.	O/M	Jederzeit	56
Stärkung für Mund, Gaumen und Rachen	1	6 x 1	O	Vor dem Spiegel	57
Der Fußdruck ist wichtig	1–3	3 x 1	U	Jederzeit	57 f.
Die richtige Haltung	1–6	6 x 2	G	Jederzeit	59 ff.
Die Bewegung an der frischen Luft		indiv.	G	In der Freizeit	64 f.
Man ist, was man ißt				Täglich	65 f.
Viel trinken – aber richtig				Täglich	66 f.
Atemübungen im Alltag (Aufbauprogramm für den ganzen Körper)					
Der Atmung auf die Beine helfen	1–10	10 x 2	G	Morgens im Bett	69 ff.
Rückenschonend aufstehen	1–4	indiv.	G	Morgens u. b. Üben	73 ff.
Morgentoilette für die Haltung	1–5	5 x 1	O/M	Am Bettrand	79 ff.
Die Füße wachtreten	1–5	5 x 1	U	Zwischendurch	83 f.
Die Körpermitte aufwecken	1–7 8	7 x 2 3 x 2	M/O M/O	Zwischendurch Zwischendurch	85 ff. 89

Übung	Übung-nummer	Zeit in Min.	Ort*	Anwendung/ Bemerkung	Seite
Morgenstund hat Gold im Mund	1–3	3 x 2	G	Am Bettrand	91 f.
Die Lebensgeister aufwecken	1 + 2 3	2 x 1 2	G G	Rückenpflege Rückenpflege	92 ff. 94
Atmung und Bewegung im freien Fluß	1–7 8–14	7 x 1 7 x 1	G G	Atem- und Bewegungsschulung	95 ff. 98
Atmung und Bewegung als Dauerübung		indiv.	G	Atemtraining	98 f.
Aufatmen – Entspannen		2	M	Zwischendurch	100 f.
Locker und gelöst geht alles viel leichter	1–9	9 x 1	G	Abends	103 ff.
In der Ruhe liegt die Kraft	1–5	5 x 2	G	Abends	108 ff.
Die Spannkraft schenkt uns neue Kräfte	1–10	10 x 1	G	Abends	113 ff.
Praktische Ratschläge und Erste Hilfe für richtiges Atmen					
Alltagssituationen sinnvoll nutzen		indiv.	G	Jederzeit	125 ff.
Eingeschränkte Bewegungsfreiheit (Isometrische Spannung)	1–12	12 x 1	G	Im Liegen, Sitzen und Stehen	138 ff.
Vor dem Einschlafen	A B C	indiv. indiv. indiv.	G G G	Abends Abends Abends	141 f.
Gesicht, blaß, fahl, zerknittert		7 x 1	O	Vor dem Spiegel	144 f.

Übung	Übung-nummer	Zeit in Min.	Ort*	Anwendung/ Bemerkung	Seite
Heimliches Gähnen		indiv.	O	Jederzeit	145
Hände gefühllos		7 x 1	O	Zwischendurch	146

Weitere, zu diesem Kapitel gehörende Programme finden Sie im Inhaltsverzeichnis.

Den dafür notwendigen Zeitaufwand bestimmen Sie nach Ihren individuellen Bedürfnissen und Möglichkeiten.

* U = Untere Körperzonen
M = Körpermitte
O = Obere Körperzonen
G = Ganzer Körper

Bewußtes Atmen – der Schlüssel zu neuen Lebensenergien

Jede körperliche, seelische und geistige Aktivität formt uns, wenn wir sie mit der richtigen Einstellung angehen. Körperliche Bewegung unterstützt und fördert Atmung, Kreislauf, die Funktion der Organe usw. Die Voraussetzung dafür ist, daß dies ohne Leistungsdruck und Übertreibung geschieht und sich im gesunden Wechsel von Spannen und Lösen sowie bei angemessener Erholung abwickelt.

➲ Spannen – lösen

»Spannung kann produktiv sein, Hochspannung erst recht. Anspannung ist eine Bedingung für gute Leistung. Entspannung aber ist überhaupt erst die Voraussetzung für eine Anspannung! Wie der Bogen bricht, die Sehne reißt, wenn sie ständig unter Spannung stehen, so muß ein Mensch zerbrechen, wenn er nicht entspannen kann.«

C. Rueger

Das Wissen um »Spannen und Lösen« ist der erste Schritt zu bewußtem Atmen. Setzen wir es in die Tat um, und bringen wir das Gesetz der Polarität zum Schwingen.

Bauen Sie die Ihnen nun vertraute Atempraxis in den Alltag ein. Beginnen Sie immer wieder von neuem, und haben Sie Geduld. Die Summe der kleinen Einsätze macht den Übungserfolg aus, ist also der Weg zum Ziel. Manchmal braucht die Seele etwas Zeit, bis sie die Kraft hat, das umzusetzen, was wir uns vorgenommen haben.

Freuen Sie sich an den kleinen Fortschritten, und stillen Sie Ihren Hunger nach Atem immer wieder aufs neue. So wird die natürliche Eigendynamik zurückkehren und innerer und äußerer Lebendigkeit Platz machen. Je mehr Sie für Ihre Atmung einzusetzen bereit sind, desto größer wird das Verlangen sein, diesen angenehmen Zustand des freien Atmens immer wieder zu erleben.

Ihre Erholungsinsel steht Ihnen jederzeit zur Verfügung, auch im Alltag, und dies unabhängig von Ihrer Lebenssituation und davon, ob Ihr Ziel Heilung, Regeneration, Erhaltung oder Vorbeugung ist! Ihre Lebens- und Regenerationskräfte werden dadurch immer wieder neu geordnet und aufgebaut und können für Ihr körperliches und seelisches Wohlbefinden arbeiten. Jeder Atemzug soll zur freudigen Lebensbejahung werden!

Wasser-, Dampf- und Wickelanwendungen

Bereits die Völker der Antike wußten um die heilsame Wirkung des Wassers und seine vielfältigen warmen und kalten Anwendungen zur Erhaltung der Gesundheit und Heilung von Krankheiten. Sebastian Kneipp (geb. 1821), wohl der bekannteste Verfechter der Wassertherapie, war selber an schwerer Lungentuberkulose erkrankt und von den Ärzten bereits aufgegeben worden, als er durch nächtliche Tauchbäder in der eiskalten Donau die ersehnte Heilung von seinem schweren Leiden fand.

Leider verzichten viele aus Wasserscheu oder aus Angst vor dem vermeintlichem Aufwand auf die Wassertherapie. Wer sich gut informiert, kann Übungen und Anwendungen ohne großen Zeitaufwand in den Tagesablauf einbauen. Sie wirken nicht nur aufbauend, stärkend, lindernd und heilend für den Körper, sondern können auch zu Balsam für die Seele werden.

Erproben Sie die verschiedenen Anwendungen auf Verträglichkeit und Wirkung. Beginnen Sie immer sanft und aufbauend, was die Zeitdauer, die Anwendung und die Dosierung betrifft.

Kalte Wasseranwendungen – zur Vorbeugung

Kalte Wasseranwendungen werden zur Abhärtung, zur Kräftigung der Abwehrkräfte und zur Stärkung des ganzen Körpers gemacht. Sie regen auch den Kreislauf an.

Wichtig: Therapien mit kaltem Wasser dürfen immer nur bei warmem Körper gemacht werden. Für die Aufwärmung kommen ausgiebige Bewegung oder wenn nötig ein 10- bis 20minütiges warmes Vollbad in Frage.

Oberkörperwaschungen

- *Waschen Sie Ihren gut durchwärmten Oberkörper (Rücken und Brust) morgens und abends kalt ab.*
- *Führen Sie den naßkalten Waschlappen ca. 1 Minute lang im Strichverfahren von oben nach unten. Dies regt die Durchblutung an.*

Kalte Rücken- und Brustgüsse

- *Geben Sie auf Rücken und Brust kurze kalte Wassergüsse: höchstens 30 Sekunden lang. Um einer Schockwirkung vorzubeugen, beginnen Sie an der Stelle, die am weitesten vom Herz entfernt ist, also auf dem rechten Rücken.*
- *Anwendung: kräftigt und stärkt den Bronchialapparat, verbessert die Durchblutung des Bronchialapparates, beugt Erkältungen vor.*

Kalte Fuß- und Unterarmbäder

- *Tauchen Sie Ihre Füße bis zu den Knöcheln und die verschränkten Unterarme so lange abwechslungsweise in kaltes Wasser, als Sie dies als Wohltat empfinden.*

Kalte Bein- und Armgüsse

- *Beine: Beginnen Sie mit den Wassergüssen an der Außenseite des rechten Fußes, und gehen Sie zum Knie hoch, bevor Sie auf der Innenseite in umgekehrter Richtung, also vom Knie zum Fuß, nach unten fahren.*
- *Machen Sie die gleiche Wasseranwendung am linken Bein.*
- *Arme: Beginnen Sie beim rechten Handrücken, und gehen Sie über die Außenseite des Arms bis zur Schulter hoch und*

weiter über die Innenseite des Arms bis hinunter zur Handfläche.
- *Machen Sie die gleiche Wasseranwendung am linken Arm.*

Wassertreten

- *Tauchen Sie Ihre Füße bis zu den Knöcheln in kaltes Wasser und machen Sie die Tretübung 1 bis 3, Seite 83 f.*
- *Kombinieren Sie die Tretübung mit den Bronchialübungen 1 bis 7, Seiten 49–52.*
- *Tauchen Sie Ihre Beine bis auf Wadenhöhe ins kalte Wasser, und bewegen Sie sie kräftig.*
- *Anwendung: bei Antriebs- und Kreislaufschwäche, Müdigkeit, Depression, extremer Hitze, geschwollenen, schlecht durchbluteten Gliedern.*

Warme Wasser-, Dampf- und Wickelanwendungen – zur Behandlung

Warme Wasseranwendungen beruhigen den Kreislauf. Sie werden zur Behandlung und Linderung von asthmatischen, bronchialen sowie erkältungsbedingten Krankheiten eingesetzt. Warme Anwendungen lösen Schleim und andere Verunreinigungen in den oberen und unteren Atemwegen. Auch Verspannungen und Verkrampfungen können damit behandelt werden. Sie werden aber auch zur Gesichtspflege und zur Pflege des allgemeinen Wohlbefindens eingesetzt.

Wichtig: Auch bei warmen Wasseranwendungen muß der Körper gut durchblutet und warm sein. Siehe auch: Kalte Wasseranwendungen.

Warme Rücken- und Brustgüsse

- *Machen Sie auf Rücken und Brust 3 bis 5 Minuten lang warme Wassergüsse, während Sie gleichzeitig die verschiedenen Bronchialzonen beklopfen (Übungen 1 bis 7; Seiten 49–52).*

Aufsteigende Fuß-, Unterarm- und Sitzbäder

- *Das aufsteigende Bad dauert ca. 15 Minuten. Dabei wird die Temperatur allmählich von 35 auf 40 Grad erhöht. Um die Wirkung zu verbessern, können dem Bad Heilkräuter oder -extrakte beigegeben werden.*
- *Legen Sie sich nach dem Bad mindestens 30 Minuten ins warme Bett.*
- *Anwendung: Das aufsteigende Bad hat eine ableitende, entzündungshemmende, krampflösende sowie durchblutungsfördernde Wirkung.*
- *Achtung: Bei Krampfadern darf das aufsteigende Bad nicht angewendet werden, da dies den Kreislauf zu stark belasten würde.*

Gesichtsdämpfe

- *Bereiten Sie einen Teesud (Seite 162) zu. Fencheldampf z. B. aktiviert die Flimmerhärchen in den Luftwegen, welche für die Reinigungsmechanismen verantwortlich sind. Kamille reinigt und belebt die Gesichtshaut.*
- *Setzen Sie sich auf einen Stuhl, und halten Sie den entblößten Oberkörper über ein großes Gefäß, das mit dem dampfenden Sud gefüllt ist. Decken Sie Kopf und Oberkörper mit einem dicken Tuch zeltförmig zu, damit von außen keine Kaltluft eindringen kann. Dauer des Dampfbades: 15 Minuten. Erhitzen Sie den Sud bei Bedarf ein zweites Mal.*
- *Reiben Sie sich gut trocken, und legen Sie sich für 30 Minuten ins warme Bett.*
- *Anwendung: bei Erkältung, verstopfter, verschleimter Nase, Katarrh, Nasen- und Nebenhöhlenentzündung, verschleimten, gereizten Bronchien, Husten, schlechter Durchblutung der Gesichtshaut, fahlem Aussehen.*
- *Sollte Ihnen die Zeit für diese Anwendung fehlen, finden Sie auf Seite 164 die Anleitung für ein Gesichtsdampfbad »à la minute«, verbunden mit der täglichen Teezubereitung.*

Warme Wickel

Material: 2 große Frottiertücher; 1 Wolltuch, groß genug, um es um den Oberkörper zu legen; Nadeln zum Befestigen; 1 Wärmeflasche; Heublumen- oder entsprechenden Kräutersud (Seiten 162–164). Nehmen Sie die doppelte Menge Kräuter. Bei allergischen Beschwerden nur heißes Wasser verwenden.

- *Tauchen Sie ein Frottiertuch in den heißen Kräutersud. Wringen Sie das Tuch durch entgegengesetzte Drehungen an beiden Enden kräftig aus. Prüfen Sie die Temperatur auf der Innenseite des Unterarms.*
- *Legen Sie die Kompresse auf die kranke Körperzone auf. Das trockene Frottiertuch legen Sie darauf und wickeln das Wolltuch um den Oberkörper. Wickel fixieren.*
- *Dauer: Solange Sie sich wohl fühlen und der Wickel warm ist. Wenn Sie eine Wärmeflasche auflegen, bleibt der Wickel entsprechend länger warm.*
- *Entfernen Sie die Tücher, und reiben Sie den Oberkörper trocken.*
- *Nun wickeln Sie das Wolltuch wieder um den Oberkörper und legen sich zum Ruhen 30 Minuten ins warme Bett.*

Warme Wickel für Nacken-, Schulter- und Rückenzonen (Selbstbehandlung)

Material: 2 Frottiertücher; 1 Wolltuch; Heublumen- oder entsprechenden Kräutersud. Nehmen Sie die doppelte Menge Kräuter. Bei allergischen Beschwerden nur heißes Wasser verwenden.

- *Legen Sie eine wasserdichte Unterlage auf das Bett. Auf diese Unterlage legen Sie zuerst das Wolltuch, dann das trockene Frottiertuch und zum Schluß das in den Sud getauchte, gutausgewrungene Frottiertuch.*
- *Entblößen Sie Ihren Oberkörper, und legen Sie sich in Rückenlage auf den vorbereiteten Wickel. Lagern Sie die Beine be-*

quem, eventuell mit einer gerollten Decke in den Kniekehlen. Decken Sie sich warm zu.

- *Anwendung: bei gereizten, verschleimten Bronchien, schlecht durchbluteten, verkrampften sowie verspannten Körperzonen (Nacken und Schultergürtel).*
- *Bei hartnäckigen Erkältungen, Katarrh sowie Stirn- und Nebenhöhlenvereiterungen helfen warme Zwiebelwickel auf Stirn, Wangen und Hals.*

Kräutertees und ihre Anwendung

Die Natur in ihrer Vollkommenheit schenkt uns in jeder Jahreszeit Kräuter für unser Wohlbefinden. Richtig eingesetzt, unterstützen sie die Funktionen aller Organsysteme und können auch bei Heilungs- und Regenerationsprozessen segensreich eingesetzt werden. Beispielsweise wachsen im Frühling schleimlösende Kräuter, welche unseren Körper nach der langen Winterszeit von allfälligem Schleim befreien.

Nutzen Sie die Heilungsförderer aus der Natur. Verschreiben Sie sich täglich neu einen auf Ihr Befinden abgestimmten Tee aus der Apotheke Gottes. Gönnen Sie sich diese Zeit, und genießen Sie den heißen Trunk!

Teezubereitung

- *1 Teelöffel Teekräuter, Teeblüten oder Teesamen mit einer Tasse heißem Wasser überbrühen. 5 bis 10 Minuten ziehen lassen, abseihen. Genießen!*

Tee trinken

- *Trinken Sie den Tee schluckweise, und speicheln Sie ihn gut ein, indem sie die Flüssigkeit vor dem Schlucken nochmals im Mund bewegen. Der Schleimhaushalt im ganzen Körper wird dadurch unterstützt und bleibt im Gleichgewicht.*

Teesorten

- *Stimmen Sie die Teesorte auf Ihr Übungsprogramm ab.*
- *Frühmorgendliches Üben mit einer Tasse Tee auf nüchternen Magen ist besonders wirksam, da der Körper zu diesem Zeitpunkt noch nicht mit den energieaufwendigen Verdauungsprozessen beschäftigt ist und die Wirkung der Kräuter entsprechend ist.*
- *Grundsätzlich werden morgens anregende Tees, während des Tages das allgemeine Befinden unterstützende Tees und am Abend beruhigende Tees getrunken.*
- *Informieren Sie sich über die Wirkung der einzelnen Pflanzen, oder lassen Sie sich in Ihrer Apotheke oder Drogerie eine individuelle Teemischung zusammenstellen. Dazu ein paar Anregungen:*

Am Morgen

Leber-Gallen-Tee, Nieren-Blasen-Tee, Tausendgüldenkraut (für die Leber): unterstützen die inneren Organe in ihrer Funktion. Wirken anregend. Vor den Übungen trinken.

Am Morgen und während des Tages

Erkältungstee, Brusttee, Rheumatee, Entschlackungstee, Verdauungstee: je nach gesundheitlichem Befinden.

Silber- und Frauenmanteltee: bei Frauenleiden.

Lindenblüten-Pfefferminz-Mischung: als Erfrischung an heißen Tagen; um fit zu bleiben und den Durst zu löschen.

Am Abend

Entspannungstee, Lindenblüten- und Kamillentee: um Entspannung und Ruhe zu finden.

Tees für die Lungen

Lungenkraut und Hirschzungenblätter: stärken und kräftigen.

Königskerze: wirkt entzündungshemmend.

Fenchelsamen, Huflattich, Schafgarbe, Eibischwurzeln, Anissamen, Spitzwegerich, Thymian (nur $^{1}/_{2}$ TL pro Tasse): lösen Schleim.

Sorgen Sie bei den Teesorten für genügend Abwechslung, damit sich Ihr Organismus nicht an eine bestimmte Teesorte gewöhnt. Wenn man eine Sorte drei Wochen lang getrunken hat, sollte man mindestens eine Woche lang einen anderen Tee trinken.

Teezubereitungen für die äußere Anwendung

Tee in größerer Menge kann man zum Inhalieren (schleimlösender Tee für die Nasen- und Bronchialhygiene) oder für die Gesichtspflege (z. B. Kamille) verwenden.

- *Teepfanne von der Wärmequelle nehmen.*
- *Das Gesicht über den dampfenden Tee halten, dabei den Kopf mit einem Frottiertuch zeltförmig decken, damit keine kalte Luft eindringen kann.*
- *Atmen Sie den Teedampf 10 Minuten lang ein. Eventuell Tee zwischendurch nochmals aufkochen.*
- *Tupfen Sie Ihr Gesicht gut trocken.*

ANHANG

Sachregister

A

B

D

E

Literaturhinweise

Informationsblatt »JA – WIR – ATMEN«. Vereinigung »Das Band« für Asthma und andere Atemwegserkrankungen

Dethlefsen, Thorwald: Krankheit als Weg. München: Bertelsmann Verlag

Kenngott, O.: Gesunde Atemwege. Weil der Stadt/D: Walter Hädeke Verlag

Liechti-von Barsch, D.; Risch, Edith; Bitterli, Ines: Körperschulung. Badhomberg/Erlenbach-Zürich: Bircher-Benner-Verlag GmbH

Vasey, Christopher: Das Säure-Basen-Gleichgewicht. Küttigen/Aarau: Midena

Vasey, Christopher: Sanft heilen mit Wickeln und Kompressen. Küttigen/Aarau: Midena

Vasey, Christopher: Die Entgiftung des Körpers. München: Wilhelm Heyne Verlag

Vonarburg, Bruno: Testen Sie Ihre Gesundheit. Küttigen/Aarau: Midena

Vogel, A.: Der kleine Doktor. München: Wilhelm Heyne Verlag

Wolf, Klara: Integrale Atemschulung. Bern/Frankfurt: Humata-Verlag

Zeller, Georges; Schneeberger, Hans: Gesundheits-ABC. Aarau: AT Verlag

Adressen

Kantonale Lungenligen in der ganzen Schweiz (für persönliche Beratungen und gesundheitliche Abklärungen bei Asthma und Atemwegserkrankungen).

Schweiz. Vereinigung gegen Tuberkulose und Lungenkrankheiten (SVTL), Telefon 031/302 08 22.

»Das Band« (Selbsthilfe für Asthmatiker), 3000 Bern 6, Telefon 031/352 24 65 (breites Kursangebot).

Zur Autorin

Verena Schmid-Eschmann ist dipl. Atemlehrerin, Methode Klara Wolf. Ihre therapeutischen Kenntnisse hat sie durch langjährige Kurs- und Praxiserfahrung mit gesunden und atemkranken Menschen vertieft.

Sie setzt sich hauptsächlich mit den für den Alltag entscheidenden Grundsätzen der Atemschulung auseinander und versteht es ausgezeichnet, diese einfach und verständlich zu vermitteln.

Atemschulung Methode Klara Wolf

Klara Wolf, die Begründerin der Methode Wolf und der gleichnamigen Atemschule, erlebte ihren ersten Kontakt mit einer bewußten Atemschulung als »einen Weg der Befreiung und inneren Orientierung«. Dieses Erlebnis bewog sie, ihre künstlerische Laufbahn aufzugeben und sich der Schulung des bewußten Atmens zu widmen.

»Durch den in allen Bereichen integrierten, lebendigen Atem wird mehr Atemraum geschaffen. Er ist der Lebensraum, in dem die schöpferischen Kräfte Gestalt annehmen.«

Die Atem- und Körperschulung, Methode Klara Wolf, berücksichtigt immer den ganzen Menschen. Die ausgesuchten Übungen sind auf die Vorsorge, Erhaltung und Wiederherstellung der Gesundheit ausgerichtet und eignen sich für jede Altersgruppe.

Mit fließenden, lockernden, aber auch spielerischen Übungen werden die an der Atmung beteiligten Muskeln direkt oder indirekt gestärkt und ihrem natürlichen Bewegungsrhythmus zurückgegeben. Gleichzeitig wird bewußt erlebtes »Loslassenkönnen« im Atemablauf geübt. Streßreaktionen aller Art können dadurch abgebaut und durch neue Lebensenergie ersetzt werden. Selbstbeobachtung während und zwischen den Übungen steigert die Konzentrationsfähigkeit und Sinneswahrnehmungen.